10
PERSONAL ACHIEVEMENT LOG (PAL)
DAYS OF MAXIMUM
TEACHING SUCCESS

10天卓越教师
自我培训

[美]
安奈特·布鲁肖
Annette Breaux

中国青年出版社
CHINA YOUTH PRESS

中青文传媒

图书在版编目（CIP）数据

10天卓越教师自我培训/（美）布鲁肖著;李明霞译.
—北京：中国青年出版社，2015.1
书名原文：Personal Achievement Log（PAL）: 10 Days of Maximum Teaching Success
ISBN 978-7-5153-2992-5

Ⅰ.①1… Ⅱ.①布…②李… Ⅲ.教学法 Ⅳ.G424

中国版本图书馆CIP数据核字（2014）第285476号

10天卓越教师自我培训

作　　者	［美］安奈特·布鲁肖
译　　者	李明霞
责任编辑	赵　玉
美术编辑	张燕楠
出　　版	中国青年出版社
发　　行	北京中青文文化传媒有限公司
电　　话	010-65511270/65516873
公司网址	www.cyb.com.cn
购书网址	zqwts.tmall.com　www.diyijie.com
制　　作	中青文制作中心
印　　刷	三河市文通印刷包装有限公司
版　　次	2015年3月第1版
印　　次	2015年3月第1次印刷
开　　本	787×1092　1/16
字　　数	60千字
印　　张	14.5
京权图字	01-2014-6999
书　　号	ISBN 978-7-5153-2992-5
定　　价	29.00元

版权声明

10

DAYS TO MAXIMUM
TEACHING SUCCESS

目 录 / Contents

用10天达到最好教学状态

亲爱的老师们，你们好！这是一本让你成为卓越教师的特训手册！只用10天，你就可以调整好自己，达到最佳的教学状态。在这10天中，白天你是老师，晚上你是学生，请认真地做好成为卓越教师的作业！

在这10天中的每天里，请每天晚上读完本书的一个章节，并根据我们本期所讨论的内容做一份作业，第二天白天则把你学到的运用于实际教学中。下一天你就会看到显著的教学效果——本书就像一本成长日记，记录着你的每一个前进的脚印。它如密友，将陪伴你十日时光之旅，而它的意义远比这十天深远。十天结束后，作为老师的你绝对会吃惊于自己的成长与进步！

下面，我想和您分享一个我最喜欢的故事。这个故事是曾获"佐治亚州杰出青年教育工作者"、"佐治亚州明星教师"、"佐治亚州杰出校长"的弗朗克·温斯泰德的事迹。尽管故事发生在六年级小姑娘和年轻校长之间，但是故事中折射出的道理却很深刻。这个故事也赞颂了那些日复一日、年复一年默默地为学生甘心奉献的教育工作者。

我年纪轻轻就做了校长，之前只担任过一年副校长。刚刚就任几个星期，六年级的十二位老师和两个辅导员就找到我提出了一个建议：他们想要带六年级学生去位于田纳西州的"特里蒙特营"。我们的学校坐落在亚特兰大城区。这些老师希望用校车运送300名学生穿过佐治亚州北部的山脉，跨越田纳西州的边界线，深入阿巴拉契亚山脉，最后把学生运送到一个叫做"特里蒙特营"的环境教育中心。

我的助理，汤姆·玛希斯告诉我，校长的工作就是要促成好事的发生。所以，我向那些情绪激动的教师宣布，"你们制订详细的计划，学校派车送孩子们去'特里蒙特营'。"教师们涌出办公室，开始为出发做准备。

几个星期后，校车在黎明前抵达了学校。师生们把行李装上了车，我向那些孩子道了别，回到了办公室，目送着车子驶进晨光。我为那些教师和辅导员感到自豪——也为自己感到自豪，因为我促成了这件好事。

大约过了二十分钟，学校秘书出现在我办公室的门口。她身体颤抖，脸色苍白，气喘吁吁地说道，"我们遇到了大问题。您得赶快去大厅看看。"于是我冲出了办公室。当我来到大厅时，看到了一个孤零零的身影朝我跑来的方向张望——一个虚弱的、衣衫褴褛的小姑娘。走到跟前，我认出了这个小姑娘。是朗达——读六年级，接受特殊教育。

我还没开口说话，朗达便用无比热情的口吻和我打招呼，"你好，温……泰德老师，我已经准备好去维蒙特了。"我的心一下子沉了下去。"朗达，"我说道，"校车已经开走了，你没有赶上。我没有办法送你去特里蒙特了。"小姑娘瞪大了眼睛对我说，"温……泰德老师，你听我说，我来付车钱！"我回答道，"朗达，你听我说。我知道你可以付车钱，可是车已经开走了。"

瘦小、憔悴的朗达站在我的面前，颤抖着，一双眼睛恳求地望着我。虽然她没有说话，可是她的眼神分明在告诉我，"温……泰德老师，你一定有办法送我去特里蒙特。毕竟，你是校长。"

我记得朗达的头发是鲜亮的橘红色，一侧的头发凌乱地打着结。她看起来像愤怒之神，脸上布满了斑点。她还患了感冒，流着黄色的鼻涕，每次呼吸，鼻涕都会冒泡。这个孩子很难让人喜欢。

最后，朗达意识到自己去不了特里蒙特了，大滴大滴的眼泪涌了出来。眼泪从她的鼻翼两侧流下来，汇集到下巴，轻轻地滴落在地毯上。我得承认我心软了。每次看到女孩掉眼泪，我都会垮掉。

"听着，朗达，"我说，"拿好你的东西，到温斯泰德老师的办公室等着。"极其沮丧的朗达下了楼，身后拖着一根绳子，绳子上拴着一个草绿色的行李袋。袋子又破又旧，像是朝鲜战争遗留下来的。大约一半儿的行李露在了外面，显然，她收拾得很匆忙。

我回到办公室的时候，朗达正坐在我的桌前，悄悄地流着眼泪。我在桌前坐了下来，双手托着脸，透过指缝儿观察朗达。我的策略是，先让朗达打起精神，然后再采取大多数校长都会采取的措施——把她送到图书馆呆上三天。

正当我观察朗达时，她突然用强有力的声音对我说，"温……泰德老师，你听我说！我们遇到了问题。我们该怎么办？"我在心里暗想，"这可不是个智障的孩子，她很聪明。"

"朗达，听着，"我说道，"我没有办法送你去特里蒙特。"一瞬间，她的眼泪又涌了出来，瘦小的身躯颤抖着，仿佛快要抽搐起来。每一次呼气，她的鼻涕都会冒出泡来。

"别哭了，朗达。"说着我便打电话给秘书，"给我接通公路巡警的电话。"电话内容大概是这样的，"这里是佐治亚州公路巡警，先生，我们能帮忙吗？"我说，"拦住那些该死的校车。"对方答道，"我们很愿意帮您拦住那些车，可是校车在哪条公路上？"哪条公路上？我头一年做校长，还没有外出计划，根本不知道校车在哪条公路上。于是我跑到图书馆，找了一张公路地图。看着地图，我的心沉了下去：每条离开亚特兰大北部的公路都通向特里蒙特。

我来到楼下，此时，朗达的眼睛已经哭肿了。"朗达，"我说道，"别哭了！把东西都拿好，放到温斯泰德老师的车上。我们去追校车！"我不知道那些校车开在哪条公路上，但是，这一点已并不重要。我们上了车，这是一辆1960年制造的绿色"达特桑"，经历过一次事故和整修，每行驶60英里就会耗掉1升油，八年级的男生称我的车是"老破车"。我加了两升油，我们就上了路。朗达很快就睡着了，每次呼气鼻涕还是在冒泡。我感觉很痛苦，我还没有做好担任校长的准备，我甚至没有意识到应该给县办公室打个电话，"嗨，我带着一个11岁的女孩儿离开了学校。确切地说，我们即将跨越两个州。"

每驶上一座山顶，我都以为会看见校车，可是却没看到，理由很简单——校车在另一条路上。在蓝桥镇外，我的心几乎跳了嗓子眼儿，因为我看见了一个警察，他正斜倚在巡逻车旁招呼我停下，说不定正在以为我拐卖儿童呢！我看了看朗达，她正在打鼾，鼻子冒着泡儿。我说道，"朗达，拜托，快醒醒，保持微笑。"警察缓慢地朝我走过来，以南方传统的方式和我打招呼，"先生，请出示您的驾驶证。"我吓坏了。要是在今天，人们绝不允许这般模样的人做警察。他足有350斤，却只有1米6高，看起来像个保龄球，还歪戴着纳粹时期的德国空军帽。他的领带污迹斑斑，在距离腰带3寸的地方戛然而止。

这是南方腹地典型的警官形象。他们喜欢拦截违反交通规则的司机，尤其喜欢拦截来自北方的司机，因为他们不相信内战已经结束了。这样的警察常常拦住北方的司机问道，"你们从哪里来，要到哪里去？"当被告知，"警官，我们从芝加哥来，要去迈阿密"，他们便完全摸不着头脑了，通常会问道，"那么，如果你从芝加哥来，又怎么会有伊利诺斯的车牌呢？"

警察把驾照还给了我，把头伸进了车里问道，"那么，祝你和你的女儿一天愉快。"当警察摇摇晃晃地朝巡逻车走去，朗达不假思索地说道，"温……泰德老师，我不是你的女儿。"那时，我完全乱了阵脚，颤抖着嘴唇喊道，"千万别出声！现在，你就是我的女儿！"

我们到达特里蒙特时只比校车晚了25分钟，孩子们还在从车上卸行李。朗达立刻跳下了车，打开行李箱找到行李袋，然后便很快融入了一群孩子中。其他的孩子根本没有发现她错过了校车。朗达没有对我说谢谢，也没有回头看，她的父母也从来没有打电话给我。即便如此，我仍认为把这个孩子送到蒙特里特是我职业生涯中做的最成功的一件事。

那天下午，我的车在返校途中出了故障，直到晚上十点才回到学校。我不知道自己会不会因此丢了工作。我推开办公室的门，把灯点亮时，首先映入眼帘的是桌子上摆放的东西。我的喉咙哽咽了，眼泪也涌了上来。白天在我离开时，那些善解人意的教师买来的一辆玩具校车和一辆绿色的小车。他们用黄绳把两辆车拴在了一起。桌子上的两辆车面向北方，周围堆满了纸条和卡片，每一张都在感谢我付出的努力。

我和您分享这个故事并非想把温斯泰德老师描绘成英雄，只是想提醒您，有时做出正确的选择就意味着抓住了机会，也就是说，相信自己的直觉，把学生放在第一位。

教师在学校总会有不顺心的时候。当你遇到不顺心的事，或是对教师这一高尚的职业失去兴趣时，我希望你能记得，如果你付出了更多的努力，往日的明媚便会再现。有时，仅仅是你的一个眼神，就能让孩子发生转变。当你注视着孩子茫然的表情，发现他们的眼睛放出了光芒；当你看到从不微笑的孩子脸上露出的笑容，你就会认识到教师是全世界最具回报、最有意义的职业。

- 如果你真正想让学生们的人生有所改变；
- 如果你希望成为课堂有效的管理者；
- 如果你希望了解每一位学生，从而教育每一位学生；
- 如果你想为学生创造一个平静有序、充满关爱的环境；
- 如果你想成为影响学生成功的关键因素；

这本书就是为你量身定做的！

第 **1** 天

从学生眼中找到自己

我为老师

为灰暗的灵魂点一簇火花
使冷却的心回归春暖
我左思右想
那张稚嫩的小脸后面
隐藏的内涵
我解除饥渴，抚慰疼痛
提供生命的食粮
因其感动欢欣，因其爱恨悲伤
但有所需，我倾尽所囊。然而
我付出一截烛光，却换来漫天星斗
交出一腔热爱，我就坐拥了无尽祝福
只因——老师，这个称呼

安奈特·布鲁肖

💡 培训要点

在开始第一天的特训之前，请让我们首先给你的学生分分类：

☐ 你的学生是第一级的，第二级的还是第三级的？

第一级：即使盯着看着，学生照样不守纪律。

第二级：学生循规蹈矩，但前提是有人监管。

第三级：学生全神贯注于学习，而且是无人监管的情况下。

☐ 作为老师，我们最终要把学生努力培养成第三级，鉴于此，就需要我们首先成为第三级教师，唯此方能成其为榜样。

第三级教师的特点：

☐ 走进他们的教室，你由衷一声惊叹"哇！"，第三级教师的高效课堂令人感受深刻。

☐ 不管在哪儿听到第三级老师们的谈话，从话语中就感受到他们对教学的热爱，且深谙教学之道。他们总是面带微笑出现大家面前！现在谁能天天好心情？当然没有。但是第三

级老师知道，作为职业教育者，面带微笑站在讲台上对学

生十分重要。

☐　第三级老师不在乎你什么时候走进来查课，因为他们始终在

兢兢业业教学！

☐　他们深得学生喜爱，即使再调皮捣蛋的孩子也会折服于他们。

☐　他们是触摸生命，创造不同的教师。

☐　第三级教师不传播学校内的流言蜚语，他们心中有把尺度，

无论流言是何企图，结果都和为人师表的职业精神背道而驰。

☐　他们是拥抱变化的教师。无论改变多么困难，始终愿以最佳

状态对待。

☐　他们是第三级老师，并不是说他们有特异功天赋，无所不知。

而是这样的老师对教学成效怀着孜孜不倦的求索。

✎ 教学案例

今天是新学期的第一天，教学楼里响起了上课铃声。这里不是
一所普通的中学，而是一所替代性学校，专门招收那些在学校不好
好上课、经常被停课或者被学校开除的学生。来这儿的学生大多数
都是怀着一种惴惴不安的心情走进教室的，因为他们害怕受到严厉
的批评。他们几乎都是某些人决定的"受害者"，没有人愿意主动上
这儿来。显然，即使是开学第一天，这儿也不会有人心情激动，这

不会是令人高兴的一天。

15年前，倪老师（指以学生为中心的老师）和吴老师（指以自我为中心的老师）同时来到这所学校教书。通过十几年的教学实践，她们在如何教育这些"问题"学生方面都积累了丰富的经验，也都树立了自己的口碑。学校校长可以开诚布公地告诉你，倪老师的课堂上很少会出现纪律问题。她也会告诉你，由老师们提交的年度"纪律处罚表"，绝大部分都来自吴老师。

正例

离上课还有10分钟，倪老师已经站在教室门口了。像往常一样，她带着迷人的微笑和快乐的语调，和走进教室的同学们握手，或者拍拍他们的肩膀。孩子们一走进教室，立刻就被友好的气氛所感染。

教室墙上到处贴着表示欢迎的标语，每位同学的桌子上还摆放着装着礼物的袋子。倪老师把椅子搬到教室过道中间，让学生们围着她坐下。她仔细地看了看面前的这20双眼睛，似乎能透过这些眼睛，直视他们的心灵。当倪老师确定所有同学的注意力都在自己身上时，开始说话："如果我现在要与你们分享年轻时的一些经历，有些事情我是羞于告诉你们的。今天我并不是想跟大家聊我的过去，而是想让你们知道，我们每个人都曾做过一些不光彩的事。你们今天坐在这里是因为犯过错，但那些错误都已经过去了，就像我做过的错事一样。我们没有必要在这里探讨这些错误，但应该牢记住它们，作为以后不会重犯的警示。我并不在意你们为什么来到这里，只在意从今天起你们怎么表现，而你们今后的表现才真正对你们影响深远。"

倪老师的开场白毫无疑问地抓住了在场学生的心。接着，她乘胜追击，利用学生高度集中的注意力，开始了她最喜欢的一个热身活动，"现在，我给大家15秒钟的时间，请大家环视一下教室，尽可能多地找出棕色的物体。15秒钟后，大家必须低下头，在纸上写下至少10种棕色物体。记住当我说停止时，大家眼睛一定要盯着桌子上的纸，开始写。这个活动测试的是你在15秒内的记忆力。"（细心的你一定会发现学生们已经开始环顾教室了。）

"好，"倪老师说，"预备，开始！"学生们开始迫不及待地搜寻教室里的各个角落，从天花板到地板。而此时倪老师也在不停地鼓励大家："棕色，棕色，棕色的东西！"15秒钟的时间到了，倪老师叫停："好！现在开始低头，眼睛只能看着手里的纸，不许抬头。靠记忆力写下10种绿色的东西！"嘀嘀咕咕的抱怨声从四处传来。"怎么是绿色？"一位同学问道。"是的，绿色！眼睛盯着纸，不许抬头，"倪老师说，"只写绿色的东西，能写多少写多少！"

几秒钟后，倪老师让学生停下来，让他们抬起头。"怎么样？"倪老师问。"可是您刚才让我们找棕色的东西。"学生回答。"对！我确实说过。有谁能列出10种以上棕色的东西？"所有的学生都举起了手。"有谁不能列出10种以上绿色的东西？"所有的同学又都举起手！"谁能告诉我，为什么你们在列举绿色事物时遇到了麻烦？我们现在环视一下教室，其实绿色的东西远比棕色的多。"倪老师问道。

"可是您让我们找棕色的东西，我们就照着做了，我们没有找绿色的。"一位学生解释道，其他学生也纷纷表示同意。

"那么，"倪老师说，"也就是说，因为过度专注于棕色，你只看到了棕色的事物，而对周围所有绿色的事物完全视而不见？""哦，我明白了！"一位同学突然说，"当我们过于关注其他事物时，我们就不能专心学习。""非常正确！"倪老师说。这个活动的目的达到了！

倪老师回到椅子上，再次把目光投向这20双专注的眼睛，说："我想再次强调，我们关注的是大家从今天起的表现，这才是对大家来说最重要的。我们不能松懈，否则我们就会失去方向。我们不能忘记过去，因为如果淡忘过去，就会重蹈覆辙。我们必须用过去的错误，告诫我们加倍专注于美好的未来。让我们从今天开始吧！"

反例

走廊里，另一个班的学生开始走进吴老师的教室。吴老师正在门口等待学生，她对学生的问候非常客套，看上去心情并不愉快。实际上，她正在与对面教室的老师说话，并没有太注意陆续走进教室的学生。在这里，听不到"欢迎"、"你好"、"很高兴见到你"之类表示欢迎的话。上课铃一响，吴老师就"啪"的一声关上了门——这是她每

第 1 天

天必用的招数，用来向同学们宣布，是我在控制着整个教室。吴老师接着开始使用常用的第二招，把一沓厚厚的"纪律处罚表"重重地放在讲台上，作为对学生不断的威胁。

吴老师把课本发给学生，让他们翻到第一页，开始读课文。每个学生都极不情愿地照着做了——只有少数人真正在读，其他多数人都在装模作样。

总　结

两位老师在开学第一天都给学生留下了难以忘怀的印象。毫无疑问，每位同学心中都明白在接下来的这个学期里老师会带给他们什么。第二天上课时，倪老师班的学生会带着轻松愉悦的心情走进教室，期待着老师再次带给他们惊喜，他们知道一定会有惊喜等着他们。你看到了，倪老师运用自己的聪明智慧，精心设计了开场白和课堂活动来吸引学生，让学生充满了期待，而在以后的课程中倪老师必须不断努力，满足学生期待的心情。做到这一点非常不容易，但是倪老师懂得教育学生的唯一途径就是先了解他们。

吴老师的学生们也很清楚第二天在课堂上会听到什么。他们的想法和举止在走进教室的一瞬间奇迹般地发生了变化：思维不自觉地迟钝了，自我控制力逐渐失去了（而这种控制力在倪老师的班上已经开始产生神奇的效果了）。他们原本热切、活跃，却在吴老师的课堂上丧失信心，不再期待。在吴老师的课堂上，没有出人意料的惊喜，有的是每天不得不填写的"纪律处罚表"——这些表格会让他们奔走于老师办公室和教室之间，有时甚至要去校长办公室。

◎ 活 动

回忆从前的老师……

例举你最喜欢的老师的五个特征。

_____

_____

_____

_____

把你最不喜欢的老师的五个特点列出来。

_____

_____

_____

_____

　　一个有趣的现象是，没有人提到他们敬爱的老师学位有多高，教学经验多少年，没有一一列举在他们的课堂上学到的"知识"。反而是这些品质折射着老师的形象，并且给学生留下有关他们的特别感受……

　　如果你想成为学生记忆中的好老师，那么就列举出你想让学生记住的五个特点。

_____

_____

_____

_____

_____

作业

第1部分

　　参考你列举的优秀教师的特点，包括你想让学生记住你的五个特征在内，从中选择一个，明天开始致力于这种形象建设。假设你的特点之一是让学生觉得你一视同仁，关心着他们每个人，那么明天就以超常的关爱与耐心对待每个学生试试看吧。

　　你不妨给学生们说说，做他们的老师是件多么快乐的事，让他们知道，你热切地关心着他们每个人的未来成就。然后，每天教学时继续表达你的关怀。如此下去，结果会让你大吃一惊！

请在此记录第一部分的作业成果。

_____

_____

_____

_____

_____

_____

_____

_____

_____

_____

_____

_____

_____

_____

_____

第 1 天

第2部分

你的第二份作业是给学生说明，学生分三个级别——第一级，第二级，和第三等级。详细解释每一等级的意思，并要求学生不和别人商量，自我归类。(别忘了利用模糊论，让他们从你的话里觉着，在你心里，他们起码是第二级的学生)。然后告诉他们，你正致力于帮助每个人，第二学年结束前，每个人要成为第三级学生。

就这样！接下来做这份简单的作业，明天看看你的课堂收效是否提高。

请在此记录你的第二部分作业的结果。

_____

_____

_____

_____

_____

_____

_____

_____

_____

第 1 天

第2天

如何制订课堂规章制度

一点启示

您的一丝启发
自然就给了我动力
它点燃了想象的火花
我的探索不遗余力
来自心底的颤动
迫我推开创意的新门
从而全神贯注、心无旁骛
呀！您看——我的快乐如此纯粹

安奈特·布鲁肖

💡 培训要点

如果学生们在良好的氛围中学习，一切学生问题将迎刃而解，随之而来的是学生的朗朗读书声和课余时间的欢声笑语，所以确立规章和制度对课堂管理来说十分重要，也十分必要。

☐ 课堂纪律问题的主要原因是缺少精心排练的步骤。

☐ 课堂管理涉及一位老师让课堂顺利进行的一切行为——从如何安排课桌，到预期的课堂效果，如何以一贯原则对待学生，如何反复排练管理步骤，贯彻始终，到怎样把纪律规划实行下去等等。

☐ 步骤就是做某件事的一贯方式。教室里，有些步骤是必需的，诸如进教室，请求发言，去吃午餐、餐后返回，提交作业等等。

☐ 规则和步骤之间的差异是：规则有结果，而步骤没有。

☐ 如果你给一个学生布置任务，就给他准确地说明步骤，和他一起把过程练习一遍，只要成功就不吝表扬，等到他有实际机会应用的时候，会收到出奇的效果。

☐　如果你想成为优秀的老师，就必须做好课堂管理。如何确保课堂管理的成效呢？最好的办法是建立一致的常规步骤，让学生确切知道你上课时，希望他们是怎样的精神状态，他们应该怎样做某些事。

☐　怎样建立一套步骤：把过程告诉学生，给他们演示一遍，与他们一起练习，直到准确掌握为止，并且提醒他们步骤，必要的话反复练习。

◆ 教学案例

一个管理有效的课堂会有很多规范，但纪律很少。如果老师能有效地指导学生按照课堂规范去做，那么我们就不必总强调课堂纪律。

让学生们遵守课堂规范，从而圆满完成教学任务，主要有三个关键的步骤：

1. 教育

2. 练习

3. 执行

第一步，教育阶段。老师必须清楚地告知学生课堂规范是什么，应该如何来做，给他们做示范。然后再重复，再示范。

第二步，练习阶段。老师必须让学生亲自按照规范来做。这将是一个有趣而奇妙的过程。这一过程可能是混乱的，但千万不要批评学生，要坚持鼓励他们，尽管他们会犯各种类型的错误，但要让学生知道，只有多次犯错才能帮助他们找到正确的方法。这样可以避免学生为了顶撞老师而故意犯错。

第三步，执行阶段。老师开始按照事先的规定要求学生。规范的执行必须前后一致且一视同仁，学生必须按照规范去做。不能因为某些学生做不到就不坚持。如果学生没有按规范做，老师就要提醒他，直到他改正并养成习惯。

学生也希望老师能坚持始终如一的严格要求。如果不这样，学生与老师之间就失去了信任。不幸的是，许多老师缺乏这种素质，因此抱怨自己遇到的总是"差生"。

正例

开学第一天，学生们排队走进李老师的教室里，队列走得很散漫。

同学们坐好后，李老师首先与各位同学打招呼，然后开始向同学们详细讲解今后进教室之前的安排以及课堂规范。

"今天大家都走得非常好，"李老师对大家说，"不过从明天开始，我们将对进教室的程序有新的安排。我每天早上要在餐厅值班，所以我会指定在那里一个地方与大家集合。当预备铃一响，我们就在指定的地方集合，然后一起走进教室。现在，我就带着大家到餐厅去看一下明天集合的地方。我们可以假定今天正式开始，先演练一下。哦，对了，既然我们现在要离开这里去餐厅，我们正好可以演练一下以后每天中午去餐厅吃午饭的程序！我希望大家在去餐厅吃午饭的时候，先在教室里排好队，然后安静地走到餐厅，不要说话。（因为其他班的同学都在上课，我们不能打扰他们。）当然，如果必须要说话，请你把声音压低一点。那好，我们现在就开始吧！请记住，首先我们先演练一下安静地去餐厅；到了之后，我们再返回来，再演练从餐厅走回教室，就像以后的每天早晨一样。"

李老师提醒学生，一旦他们在教室排好队准备离开教室，就不可以再说话。学生们排好队，老师带领他们离开教室，开始安静地走向餐厅。李老师对学生们出色的表现表示了感谢。如果你细心观察，就会发现一路上李老师把食指放在嘴唇上，不断提醒学生走路要安静。

学生们到了餐厅之后，李老师又对大家说："你们做得太棒了——现在你们可以开口说话了！"（不过学生们依然保持安静。有时候当你让学生说话时，他们反而不张口了，非常有意思。）

接下来李老师告诉学生们接下来继续演练每天早上从餐厅去教室的过程。她先带着学生来到餐厅后面的几张桌子旁，这几张桌子在早餐时间通常都是闲置的。"每天早晨吃完早饭后，大家就直接坐到这几张桌子旁等我。等到铃声响了，我们就一起出发。等我的时候，你们可以自由地说话、看书或者做作业。现在，我希望你们每个人在这些桌子旁边找个位置坐好。"

所有的学生都坐好之后，李老师走到餐厅的前端，然后回过头来告诉学生，每天早晨她都在那儿值班。等到预备铃一响，她就会过来叫他们集合。（李老师是想告诉学生，在她早上值班的地方，能清楚地看到学生们的表现。）

"好，现在我们假设铃响了，你们该怎么办？"几个学生大声回答："在这儿等着您！""对了，我忘了提醒大家了，说话之前要举手，否则，大家都说，我会听不清楚。"几只小手马上举了起来。李老师让其中一个同学发言。

"我们应该等您！"这位同学回答道。"对了！"李老师说，"这次我听清楚了！谢谢你能举手回答问题。这本来是我们回到教室后，我将给大家提的要求，不过我想大家都已经听明白了，对吧？好，现在大家把队排好，我们一起安静地走回教室。记住了，请不要说话，其他班还在上课！"

李老师把学生带回教室。（在路上，李老师又表扬了学生。她知道，赞扬和鼓励能让学生明天继续保持今天的表现。）一到教室门口，李老师让学生进教室后，在座位上坐好。在学生全部坐好后，李老师把刚才演练过的走进教室的要求又重复了一遍。

李老师共提出并演练了以下五项：

- 每天早晨在餐厅指定的地方集合。

- 每天早晨排列整齐地走进教室。

- 安静地进入教室。

● 中午离开教室，排好队安静地去餐厅。

● 讲话之前要举手。

现在，李老师可以立刻开始让学生们坚守这些规范了。但另一方面，因为今天还只是开学第一天，她其实希望有的同学会违反这些规范，这样她可以利用今天这个机会表扬一下认真执行的同学，顺便提醒一下没有按照要求做的同学。老师如果在说出要求后，立刻表扬正确的做法，纠正错误的做法，这就会向同学们传递一个信号：老师说到做到。

在走进王老师的教室前，我们再来看看，李老师在开学的几天里都做了哪些规范。下面列举了一些：

● 使用教学用具

● 分发教学资料

● 组织小组活动

● 组织学生倒垃圾

● 联系学生家长

● 组织召开家长会

● 进行课堂测试

● 记录学生平时成绩

● 参加教学例会

注意：如果没能及时纠正学生错误的做法，那么你有可能会一败涂地。过一会儿，看看王老师班上同学的表现就知道了！

走进王老师的教室前，千万不要忘记这两位老师都具备优秀教师的基本素质：

- 她们都热爱教学。

- 她们都喜欢孩子。

- 她们的专业知识非常丰富。

- 她们也都善于传授知识。

- 她们都非常有计划、有条理。

- 她们都非常讨人喜欢。

- 她们善于在课堂上营造学习的氛围。

但你会发现，尽管王老师与李老师教的是同一批学生，却不得不处理许多李老师从没遇到过的教学管理问题。之所以造成这种局面，主要是因为王老师犯了两个关键性的错误：

1. 王老师认为学生已经知道该怎么做，上课时该如何表现，因此她忽略了提出并实践课堂规范——两个关键的步骤。

2. 王老师一开始没有及时纠正学生的不恰当的行为——又一重大失误！

下午上课铃响了，学生们都走进王老师的教室。因为刚刚休息了一段时间，学生们有些吵闹，最终还是都坐好了。王老师不想第一天上课就表现得过于严厉，所以她没有纠正学生的一些不良表现。等到学生们不再说话，王老师才开始发言："大家下午好！午饭怎么样？"

只有几个学生表示对午饭满意，而绝大多数都在抱怨："这儿的饭菜简直糟透了！"嘈杂的抱怨声消失之后，王老师问大家是不是带铅笔来了。有几个同学没带，他们开始四处去借。有 3 名同学已经离开座位，向隔几个桌子的同学借铅笔，借转笔刀。因为王老师对眼前发生的这一切没有准备，也没有提前对学生提出课堂规范，并在课堂上执行，学生们主动地更改了这些本应由老师提出的规范：

● 走进教室：大声喧哗，坐好后仍然大声说话，直到老师开始制止。

● 回答问题：答案脱口而出，声音尽可能大，以便使自己的声音盖过别人，让老师听到。

● 借学习用品：忘记带学习用品也没什么大不了的，只需要向周围的同学去借。当别的同学答应借时，起身便去拿。

● 随时站起来，不需要向老师请示，也不管老师是不是在讲课，反正老师也不在乎。

王老师在不知情和无意识的情况下就让学生开始了以上的四种行为，所有这些都发生在第一天上课开始的 5 分钟内。不幸的是，王老师并不知道该如何去向学生提出、演练和执行这些课堂规范，因此这些不良行为将在本学期自由发展下去。

王老师结束了一堂完全失去控制的课，她完全不知道这是什么原因引起的。"为什么这群学生在李老师的课上就表现得那么好？"王老师也在思考。

不用多说，我们也知道这学期接下来的时间里，王老师的日子一定很难熬——这都是因为她没有意识到，在开学第一天，她有权利在班上提出课堂规范，而她放弃了这个权利。

总　结

如果老师不在课堂上给学生定下规矩，那么学生就会自己定，他们会在开学第一天上课的几分钟之内就形成自己的习惯。如果任其自由发展，这种习惯必将像雪球一样越滚越大。请记住在给学生提出课堂规范时，你必须要遵守以下几点：

- 友善

- 果断

- 心中充满感激，学会赞扬学生

- 花点时间讲解这些规范

- 花点时间演练这些规范——这一阶段，对学生所犯的错误要宽容

- 开始严格执行规范

- 纠正学生任何不符合规范的行为

很快，你就会发现在课堂管理上，这些提前制定的规范比纪律守则更有效。你的课堂气氛会更加欢快、轻松——这种环境更有利

于学习。我们需要的不正是这样的环境吗？

◎ 活动

用一句话描述课堂无人管理的情况下，你所目睹的情况：____

_____

_____

_____

尽可能地多列举一些需要一套课堂规矩的实际情况。

_____

_____

_____

_____

_____

_____

_____

_____

作业

　　明天步入教室就颁布实施一套新的课堂规矩，尔后坚持下去。请在此记录实施的成果吧！

_____

_____

_____

_____

_____

_____

_____

_____

_____

_____

_____

_____

_____

_____

第 2 天

如何有效应对纪律的挑战

好聪明的老师

有天，老师让我们作画
犹疑再三我不知该画什么
于是决定不画也罢
老师眼看白纸，神色敬畏
她说："好一片洁白松软的云"
"可容我悬于墙壁？"
原来她没看出
那空白纸上未着一笔
她自豪地挂起来，以供大家观看
经得老师许可
我把空白的作品带回家
给它画上天空和太阳
此刻我想这幅画
是否她真不知晓
画上根本没有一片云
是我蒙骗了她？
抑或那是她
巧思妙计，引我动手
画一副可供大家观看的画？

安奈特·布鲁肖

💡 培训要点

□　在欣赏你重视你的环境里，你会以感激的心态回应。所以，每堂课间站在教室门口，热情地迎接学生走进教室很重要。

□　学生们喜欢待在受欢迎的地方，积极的氛围能塑造学生，使他们行为恰当。

□　课堂管理的越好，纪律问题就越少。毫不含糊地坚持执行课堂常规将会大幅度降低纪律问题。

□　即使再有成效的老师也得处理纪律问题。只要有学生，教室里就有"挑战"纪律者。这些"挑战"是否逐步升级成大麻烦，关键在于作为老师的我们如何对待"挑战"。

□　高效教师做两件事：保护学生的尊严；知道怎样平息潜在的纪律问题。

魔法袋

□　用良好的心态与学生交流，打消学生犯纪的念头。

❑　用"你还好吗？"和学生技巧性地谈话。

❑　课堂上避免"休课时间"。

❑　每天准时上、下课！

❑　尝试给你的学生们设定转变期限。

❑　　恪守教职会议上的规定——你的课堂上不要忽略一个学生，不然教师会议上，校长面前你会因此而内疚不安。

✎ 教学案例

当有人赞扬你工作出色时你是什么心情？一定感觉很不错吧！实际上，人们对感谢与赞扬天生是缺乏免疫力的。它们就像一种会让人上瘾的药，在给我们带来美好感觉的同时还让我们不断渴望得到更多。

没有哪里会比课堂更能证明这一点。积极乐观的老师会培养出积极乐观的学生，不幸的是，我们的老师在给学生挑刺儿方面已经非常熟练。我们似乎在这些问题还没出现时就能预见它的来临，我们甚至好像是在专门等待着它出现！一旦发现学生出错，我们那些趾高气昂的手势、批评会立即喷涌而出。但是我们往往忽略了，课堂上随时随地都有闪光的地方。只要我们稍加注意，对这些闪光之处敏感一些（对问题多包容一些），我们就能完全改变课堂气氛。我们真的拥有这样的力量！

今天是瑞兹中学开学第一天。瑞兹中学坐落于市中心的贫民区，学生大多来自于贫困家庭。这里的学生不好管，学校的升学率不高，老师的教学热情都很低。我们来看看在这里任教的两位老师：季老师（指积极的老师）和肖老师（指消极的老师）。她们同时教七年级，都是经验丰富的教师。季老师把学生带来的挑战视作激励自己成长的机会，而肖老师则认为自己是学生、教学主管、家庭甚至整个社会的"受害者"，完全放弃了努力。

同一所学校，同一个年级，同样的学生……但是，不同老师的态度会带来完全不同的结果。

正例

上课铃响了，学生们带着几分急切进入教室。今天是开学第一天，学生们对新学期充满兴奋和期待。季老师已经站在教室门口了，用微笑迎接每一位走进教室的同学。

季老师明白积极的态度会培育出更加积极的心态，所以她准备立刻开始将积极的种子播种在孩子们的心田。上课铃响了，季老师关上门，面对着学生说："天哪！我从事教学已经有十几年了，却从没见过走路如此安静、坐得这么整齐的班！看来今年一定是我的幸运年！谢谢你们！谢谢你们！"毫无疑问，这个精心设计的开场白会确保学生们今天的良好表现在明天得到继续。到了明天当学生们再走进教室时，一定会想起老师昨天的感激与表扬，自然会努力做得更好。他们已经知道，在这个教室里这种行为是被认可而且会被奖励的。

在季老师多年从教生涯中，她总结出一些经验：一些积极正确的做法，需要不断地给予肯定、表扬、鼓励和感谢才能持续。作为教师，我们常常认为学生的正确做法是理所当然的，从不会停下来让学生知道，我们对他们有多么肯定。季老师体会到，想让所有积极的行为持续，就必须让学生知道这种行为是被认可的，并不断地鼓励学生。在开学的第一天，我们发现季老师肯定并表扬学生的事情有：

- 安静地走进教室
- 集中注意力听老师讲话
- 发言之前举手
- 带着课本来教室
- 按照老师的要求做
- 离开教室之前，随手带走垃圾
- 安静地离开教室，去食堂吃饭

如果学生没有这样做呢？季老师也有办法让学生按照自己的期望来做。她是怎么做到的呢？季老师在学生还没做这些事之前，就已经开始表扬学生了。如果季老师看见地上有一张废纸，她会先让旁边的学生帮她把纸捡起来，然后再感谢他，学生自然会照着去做。第一天上课之前，她就告诉学生，如果学生在发言之前能举手，她会非常感激，同时补充说："如果许多人同时说话，我会听不清楚。"

就连对学生的批评，季老师也能用积极和表扬的口吻表达："我非常喜欢你文章的题目。看得出来，你的思路非常开阔。如果再把文章里这些细节的顺序调整一下，就会更完美了。我建议你先举例子，然后在例子的基础上论述，你觉得呢？改完之后请马上给我看，我非常期待！"

季老师知道就连消极的事情也可以用积极的方法来处理，她一直遵循一个理念：没有坏孩子，只有错误的判断。季老师始终认为老师一定不能对学生本人进行语言攻击，只能对他们错误的判断进行批评。

季老师还知道她的积极态度不能时隐时现或者逐渐减弱，它必须深深植入每天的课堂设置里，让她和她的学生们愉快、乐观，直至最后走向成功。

反例

甚至在还不认识肖老师的时候，肖老师的学生就已经在迈进教室的那一分钟开始受打击了。"我的课堂上，不允许同学把衬衫放在裤子外面在教室里走来走去！"肖老师接着说，"如果还有同学打算穿成这样走进教室，他就大错特错了。"

在学校新学期的第一次上课铃敲响之前，肖老师已经让同学们焦虑不安了。肖老师没有发现教室里其他 20 名同学都穿得整整齐齐，她本应该抓住时机对这些同学表扬一番，却不幸失去了一次良机！其实，多数情况下，只要我们简单地表扬那些守规矩的同学，那些没遵守的同学就会意识到错误，很快就会改正。肖老师本应该让学生们检查一下自己的衣着——扣子是否扣好，衬衫是否掖进裤子，然后再谢谢同学们的积极配合，学生就会非常自然地整理好自己的衣着。

上课铃响了，肖老师立刻给自己的课堂定下规矩：

● 如果你打算上课说话，就请站到讲台上来说。

● 你们当中一些人，已经是第二次出现在这个班里了。我希望你们能吸取教训，不要想着蒙混过关。

● 如果哪位同学上课想捣乱，那么下课后就先别走。

令人感到吃惊——同时又可以让人理解——在这节课的前几分钟里，肖老师在学生面前已经流露出她的态度，这恰恰反映了她本身的思维方式。肖老师话音未落，几个学生已经开始采取令她生气的各种举动：

● 咬嘴唇

● 眼珠乱转

● 转铅笔

● 小声嘀咕

● 翻开笔记本，把里面的纸卷起来

● 假装没听见

● 甚至开始在教室里走动

以上这些场景你是否觉得很熟悉？肖老师在上课第一天就开始疏

远她的学生，在这学期接下来的时间里，肖老师的课堂会变成什么样，我就不再细述，不过我想你也能猜个大概。总之，肖老师在整个学期里几乎都不会肯定和表扬学生。她不认为学生们完成了自己的分内之事应该表示赞赏，而这样只会让更多的机会逐渐消失……

总 结

老师上课时的态度就是在强调积极因素或者放大消极因素这两者之间进行选择。如果你想让课堂气氛积极活跃，学生们都踊跃表现，认真完成老师布置的任务，就请你开始发现并强调学生的积极举动——不只是偶尔，而是随时随地。如果你还不习惯这样做，那请从现在开始慢慢练习。相信我，这样做真的有百利而无一害。试着将你的课堂上出现的所有积极行为列一个准确的清单，比如你可以这样列：

- 上课时，按照要求带来课本
- 按时交作业
- 课堂上积极配合老师
- 发言之前举手
- 捡起教室内的垃圾
- 主动参加课堂活动
- 帮助其他同学

第3天

- 有礼貌，经常说"谢谢"、"对不起"或"不客气"

- 主动提出要帮助老师

- 帮老师发作业和资料

- 文章的概括句新颖，独具匠心（如果文章的其他部分写得都不好，首先找出其中的可取之处，学生自然就知道该往哪个方向努力）

📖 作业

第1部分

明天开始，站在教室门口热情地迎接学生。若你已经这么行动了，那么就比平常更加热情一点。然后在此记下你的成果或意见。

_____

_____

_____

_____

_____

_____

_____

_____

_____

第2部分

明天开始，你就着手实施今天所学到的激励技巧。在下面记录下结果。

_____

_____

_____

_____

_____

_____

_____

_____

_____

_____

_____

_____

_____

第3天

如何控制情绪并与学生正确交流

面具之后

倘若你慧眼识心，定然知道
劣行的后面是一颗孩子的心，渴望你
期待你的爱，需要你那一笑
我需要每一天都很重要，哪怕一会儿也好
我需要您所有的智慧浇灌
或许这一刻我茫然不解，但你终会看到
有一天我恍然大悟
我需要您极大的耐心，平静的声音
我需要有人指示，怎样选择更好
这一切很难做到，我会推着你经常给你出难题
老师，您自然明了，再冷硬的心肠
也能软化如水
请把我看做你的挑战、职责、任务
探索，直到发现
面具后面隐藏的美德

安奈特·布鲁肖

💡 培训要点 ①

☐ 高效能老师能"剔除"课堂上潜在的不安定因素。下文我们会说说阿尔伯特·威尔森这件事，亚当斯夫人没有当面点破阿尔伯特的行为，"平息"了隐患。其实，亚当斯原本是想把坏情绪和阿尔伯特一样挂在脸上。由于她对自己的情绪原则放低了水准，心里本就怒火腾腾（阿尔伯特一直在想方设法激怒她）。她本来可以朝阿尔伯特大吼一通，斥责他是多么粗鲁无礼（当然，一开始，她是打算把他揪起来），命令他室外罚站，到办公室接受批评，或像无能老师的一贯处置办法。谢天谢地，她选择了控制自己的情绪！

☐ 设立情绪原则的底线。

☐ 一个巴掌拍不响。

☐ 高效能老师不搞权力争斗，而是平息争斗。

☐ 高效能老师不执一己之见。他们辨别学生的沮丧，从学生的行为反应中察找原因，然后以专业的方式行事。

☐　学生一旦知道你不是和他"同一战壕"，而是"有意和他过

不去"，他就不再指望你的理解和支持！

☐　以正确的方式能软化"铁石"心肠。

◆ 教学案例

今天是开学第一天，阿尔伯特·威尔森走进教室。阿尔伯特已经16岁了，现在上七年级。他心里面盘算着：要让老师们知道他可不是好惹的！

他打算退学不读了，对未来也没什么打算，只是想着怎么消磨时光。老师们都拿他没办法，也只能任其发展。对老师们来说，期望他有所改变简直就是痴心妄想。如果哪位老师忘记了这一点，阿尔伯特就会想尽办法提醒他。

可是，当阿尔伯特遇到数学老师戴安·亚当斯时，他吃了一惊。

阿尔伯特并不知道，对教育像"阿尔伯特·威尔森"这样的"坏"学生，戴安老师有多年实践经验。当阿尔伯特想给她来个下马威时，戴安老师已经知道该怎么做了。

戴安老师正在教室里来回走动，帮助学生解答问题。当走到阿尔伯特的桌子旁，发现他两手握紧一枝铅笔，正直直地盯着她，眼神里充满了挑衅。正当戴安老师再靠近时，阿尔伯特突然把铅笔高举，生

气地将它折断成两截。

作为一名经验丰富的教师，戴安老师已经习惯于面对这种突发情况。因为需要时间想出"应对办法"，于是凭直觉一转身，平静地走开了。

尽管阿尔伯特·威尔森表现粗鲁，戴安老师仍然表现得很镇定。她径直走到自己的装文具的盒子旁，从里面挑了一枝用得很旧的铅笔头，转身递给阿尔伯特。她告诉阿尔伯特，首先，她对他的沮丧心情表示理解。但是在将来，如果他还想用折断铅笔的方式来发泄情绪，请事先告知，她会给他一些使用过的旧铅笔，而留下那些新的给他或其他学生今后使用。

这种方法很奏效，戴安老师很快成了阿尔伯特心中的榜样。面对刚才紧张的气氛，如果不控制自己的情绪，就会很快失去判断力，从而失去正确处理局势的机会，争吵很快就会爆发。幸运地是，戴安老师控制住了自己的情绪。

在刚才的紧张情形下，戴安老师看到的是阿尔伯特将来的前途，而不是自己一时"占上风"。而大多数人可能面对那种情况时，都会情绪失控，暴怒起来。戴安老师不仅用自己的智慧化解了一场一触即发的冲突，她的举动还改变了阿尔伯特未来的命运。阿尔伯特没有退学。他完成了初中的课程，顺利升入高中。在接下来的学年里，他被戴安老师的教学水平和个人魅力所折服。除了偶尔因为努力写作业把铅笔头折断之外，他再也没有折断过任何一枝铅笔。

在一触即发的紧张对峙中，能做到有效地处理，需要老师的经验和正确态度。戴安老师无疑具备了在激烈冲突中控制自己行为的能力。

如果她当时不克制自己，让情绪冲昏大脑，失去判断，最终，阿尔伯特会成为自己行为的受害者，同时也伤害到戴安老师。

当然，戴安老师也可以选择像阿尔伯特那样以暴制暴，甚至可以火上浇油。这样的做法正是阿尔伯特期待的，好让他找个机会发泄自己的坏情绪。她也可以对着阿尔伯特大喊、甚至咆哮，指出他对自己的不尊和粗鲁。毫无疑问，阿尔伯特也是这么做的。她还可以命令他离开教室，去老师办公室，或者其他任何让事情变得更糟的办法。

总　结

● 表现出粗鲁和不敬只需要一个人就可以，但将它升级为冲突和对峙则需要两个人。

● 真正好的老师是不会把学生对自己的不尊重升级为冲突的，相反，他会想办法化解它。

● 有经验的老师不会把学生表现出的不尊重看作是针对自己。他们知道这正是学生受挫后的表现。他们会通过与学生的沟通发现问题的所在，用专业的方法来处理。

● 一旦学生意识到你其实是和他站在一起的，不会放弃他，他就会停止对你的粗鲁行为。

● 只要方法得当，再"铁石的心肠"的人也会被感化！好老师都明白这一点，而且运用得当，为了自己，同时也是为了学生。

● 只要处理得当，即将发生的激烈冲突，将变成双赢的局面，没有任何一个人会变成受害者。是不是听起来言过其实了……把每一次即将发生冲突的情况都化解为促进学生成长的经历，保持你的尊严，控制好情绪，记住你是位专业的教师。

● 请记住：无论是应对学生何种的不敬与

粗鲁，无论对待何种学生，"正确的方法"就是一切！

◎ 活 动

写出你怒火冲天或灰心丧气时内心的3种感受，再列举你在这种特殊情况下的3种情绪表现。要诚实而详细地描述内在和外在的3种情绪表现。

_____

_____

_____

_____

_____

_____

💡 培训要点 ②

● 作为老师，我们是人。自然也会生气、沮丧，也想大声尖叫来宣泄情绪。但关键在于：你的行为传达的内心情绪，能让学生理解吗？

● 在他人眼里，确定我们身份的是我们的行为，而不是我们的感觉。作为老师的艰巨任务之一是控制自己的言行举止，任何情况下都保持平静的外表。是的，你的学生会"考验"你的耐心，不断给你制造烦恼，"竭力想捏住你的弱点"——那不是因为他们恶劣，而是孩子的天性使然。对于一个孩子而言，能"控制"一个成年人的喜怒哀乐，该是多么有成就的感觉呀！

● 一句重要忠告：别玩游戏。

你有时灰心丧气。这很正常。但是当你讲话时要眨眨眼，咬紧牙忍下去，当你眼盯着天花板叹气，嗓音大了点时得交抱双臂，脚打乐拍，否则，你失去了镇静的叹息泻出一点声音，只会给你的学生一个信号，呵，你陪他们玩了，你现在确确实实输给他们了，而且你已经把你的掌控权交给了他们。所以你得威而不怒，深思熟虑后，以职业的态度训诫某个孩子。你瞧，如此一来，你永远不会"丢失风度"，因为没有适宜的时机。你是个专业人士，为人师表是你的职责。因此，冷静自持，永远别让学生看到你抓狂的一面。"学生一旦意识到你不会和他们玩游戏，你是个尽职尽责的教师，他们就会打消激怒你的念头，

第4天

不再指望看到你气得面红耳赤，脖子上青筋凸起的好戏……转而，你将赢得学生的尊敬，最重要的是，你起到了表率作用，多少学生正渴望着你这样的榜样。

那么你该怎么做？与学生相处时，你该如何控制自己的行为反应呢？保持冷静，就像我们平时教学生一样，内心暗流汹涌，外表风度依然。如果你实在忍不住怒形于色，那么你也要假装一番！别让学生看到你失态。

记住，与学生交流，控制你的行为反应，给学生轻松的气氛。当学生轻松自在的时候，也就进入了最佳学习状态，这是不容忽视的事实，这时候他们乐于接受挑战，积极探索，思维顺畅，最重要的是，他们的生命中因此而深深留下你的影子！

作业

每次对某个学生失望或被其惹怒，都要保持清醒意识。别为此烦恼，教室里有学生，就有状况发生。因而每次出现问题，竭尽全力克制情绪。换言之，明天走进教室，练习"伪装"情绪。

无论如何，别让学生吃准能影响你的事件。然后在此记下有关的体验。想想你的感受如何，与你通常教学的相比，你所做的努力有什么进展。然后记录下成效。

• 10 Days of Maximum Teaching Success

如何准备有效的教学方案

明天做

心绪慵懒，事推明天。
明日成今，复延来日。
如此行事，乃我风格。
罄竹备忘，待做事宜。
事物列表，逐日累积。
进驻厨房，雄踞家室。
儿不可忍，贤妻离去。
但凡勤务，要事不拖。
一件一件，容易许多。
此刻繁杂，我已崩溃。
束手无策，如何苟活？
愧坐其上，悲从中来。
翻新过去，看我明日！

安奈特·布鲁肖

第5天

💡 培训要点

像教练一样备课

❑ 我们的培训是高度组织化的，而且节奏快。

❑ 尊重，是我与你共事的方法之一，而且我坚信，这期培训你
能，也一定会收获不菲。

❑ 我热爱教学——虽然那是所有老师的本职工作。

❑ 每天的课程以前天的内容为基础，有意识地衔接。

❑ 课时短，有激发性，充满活力，且每天的作业量小，又不乏
意义。

❑ 少量少量地组织训练计划——一次一项活动内容，每次保证
成功。

你瞧，我心中有数：倘若我的培训给你印象很差，你不会再次
想到培训记录。而且我需要你时常看看，因为这是我的培训计划真
正为你效力的唯一途径，所以我就好像正在课堂上教课一样地准备

教案，我特别关心的是每堂课极具吸引力，有教育性，而不是令人难以应对，有趣可行就好。

倘若我们每一天每一堂课都这样为学生准备教案，我们会因学生的成绩而讶异——会因自己的变化而惊奇。

◆ 教学案例

每年，学校里所有学习社会科学的学生都要做一项作业，向社会科学成果展览会申报项目。每年季老师（指有计划性的老师）的学生在展览会中，申请成功的人很多，而且乐于参与项目申报的学生数量也远远超过其他老师。学生完成的项目中很多还获得地区性、甚至国家级的奖项，这些都是巧合还是精心准备的结果呢？

正例

接到今年的项目申报的通知后，季老师把社科项目的申报说明发给学生。这些资料是学区里面所有学生都能看到的，上面有申请指南和申报截止日期。季老师根据这份项目申报说明，自己制定了一份"项目申报细则"，详细描述项目的各个环节应何时完成。按时提交相应项目内容会得到加分，提前提交的同学还会得到额外的奖励。季老师还深知榜样示范的作用，她和学生们分享上届学生参与项目申报过程的录像。在这些视频录像中，学生们介绍着他们的项目，以及引导他们取得成功的因素。观看去年成功学生的视频，不仅让学生明确了努力的方向，对他们来说也是一种巨大的鼓励。

除此之外，季老师还和学生进行一对一谈话，讨论项目的可行性及进度。既给学生提出建议并指导他们，但并不越俎代庖、亲力亲为。学生每提交项目的一个部分，季老师都在自己制作的细化进度表上打钩，这样学生可以看到自己所得的分数有一个逐渐累积的过程，激励他们继续努力。如果学生延迟提交，分数会相应减少，同时季老师会通知学生家长，目的是督促学生按照计划完成当天的任务。

与单纯的完成作业不同，学生将这次项目申报视为一个逐步走向成功的过程。此外，再加上老师给予的巨大慷慨支持作为后盾，也难怪最好的项目总是出现在季老师的班级里了！

这样的方式需要季老师做更多的工作，倾注更多的心血吗？当然需要了！这样做值得吗？问问季老师，答案自然揭晓。事实上，不用亲自去问，你也已经知道她会怎样回答了。有句谚语称："不善计划者，垂败不远矣。"在课堂教学中也同样如此。良好的课堂效果需要课前合理的计划，没有其他捷径可走。那些认为计划是轻而易举的人，一定没有过当教师的亲身体验。制定合理的教学计划不是件轻松的事。但是，优秀的老师都知道若省去计划这一环节，课堂教学效果注定不令人满意。

试想一下，你要进行一次缺乏完备计划的家庭度假。你已坐在车里整装待发，却发现行李还没有收拾妥当，不知道目的地为何处，没带地图，没带足够的钱，甚至车里的汽油也不多了！这样的旅行怎么可能令人满意？当然，也许你足够幸运，每件棘手的事都能顺利解决。可是事实上，合理的规划会使旅行更加顺利。多带点钱也没关系吧？除非你准备在旅行途中一路打零工……

这个道理在课堂教学中同样适用。课堂上的即兴发挥永远没有周密计划的教学效果好。道理就是这么简单，课堂设计是教学中最难的一部分。这需要花费时间，付出耐心，懂得进行有效教学的要领，对具体学生群体和班级的学习需求有深刻的了解，在教学中应用创新思维把握有度。有经验的老师会告诉你这项工作极具挑战。如果课堂设计合理，那么教学过程中将其乐融融，进展顺利。

如果设计不当，那么课堂教学的过程会让你如坐针毡，狼狈不堪。一直在想下一步做什么，杂乱无章，混乱不堪，这样的课堂对老师和学生来说都是一场噩梦。

反例

现在让我们看看栾老师（比喻无计划混乱的老师）是怎么做的吧！我们都遇见过栾老师这样的老师。也许她曾教过我们，也许她就在我们隔壁班教课，也许我们自己的孩子正在她的班里"备受折磨"。正如季老师，栾老师也收到同样项目申报的通知，栾老师的学生在一周之后才收到这份资料。显然，栾老师没有特别重视这件事，因为她认为学生们注定在项目申报上没什么建树。这么想有什么不对吗？

第二周，栾老师开始分发项目申报资料，指导学生通读一遍后，告诉他们这项活动是要考核打分的，然后就对活动不管不问了。直到申报截止日前的一周，她可能会再向学生们提起这件事。显然，如果没有学生提交项目申报表，或者提交的项目只是应付了事，栾老师对学生懒散马虎的学习态度表示极度失望。

然而，栾老师总有理由解释，为什么季老师的学生表现得如此出色，而自己的学生却总表现不尽如人意。请记住，理由是季老师每年教的学生都是天资最好的！

成功的老师都是成功的规划师。成功的老师深知，不做计划，肯定不能引导学生成功。教师这个行业，容不得拖延者。准备好明天的课了吗？还没准备好的话，赶快把书放下去备课吧！

◎ 活动

● 准备教案时，要"一小片一小片"地规划，即每个小段课时不超过10或15分钟。15分钟计划教一项技巧，把学生的兴趣真正激发起来，接着给他们任务，即学即练，即练即成，乐在其中。对于这一天的课而言，每个小段时都是一堂大课的组成部分，但要确保一个活动紧跟另一个活动内容，保证你的热情带动着学生的积极性，你给他们的每一项任务可做，然后下一个活动跟上。

● 每一小段课设计富有成效，灵活多变是个中关键。若你的每段课富有趣味，令人激动，可行性强，你就掌握了学生每次成功的秘诀。所以呢，如果你有90分钟的课堂规划，可以设计成6个片段，即6个趣味不同的活动，这一天的所有活动内容集中体现你的课堂目标。

● 俗话说的好，计划不周全，失败是必然。你要想想，你的学生会不知道你是在"即兴发挥"？他们的眼睛雪亮，对一堂缺少组织的课不会热情反应！备课耗时伤神不假，但是做好了规划，就等于多半任务已完成。现在你可以浑身轻松地去授课了。而那些不准备教案的老师，一节课往往是以跟那些做小动作，走神，混战的学生做斗争而告终，对学生而言，还谈什么认真听课，掌握新技能，深思熟虑消化课堂知识呢？

● 记住，外科医生是带着极度周密的手术方案走进手术室的，教练随身揣着明确的比赛计划进入赛场，辩护律师手拿为委托方辩护的详细的辩护计划走上法庭。作为老师不愿失去学生，在教孩子方面，就不应该失去我们自己。

● 你上每堂课都该让学生先弄清楚你的课堂目标。

简单来说，教学目标是让学生明确每堂课结束时学生应该掌握的内容以及能做的作业。一直以来，我经常看到老师让学生看某一章文章，看完后回答问题。学生很不情愿地忙碌，却没办法问老师"为什么"必须做这个作业。事实上，记住，学生向你发问是好事，是对你这堂课的一种裁定，"我们为什么必须做这个？"这句发问就像一面红旗，让你蓦然想起来，这堂课你显然忘记了让学生把教学目标理解透了。

不言而喻，你——你这位老师，理应把你教的每堂课的具体目标写清楚。但光写清楚了还不够，必须让学生清楚才行。课堂一开始，要特别注意提示学生，"猜猜这堂课结束时你们学会什么？"然后告诉他们目标。这样，你教到哪里心中有数，学生学习什么了然于心，教与学，都会顺利达到目的。

一张简单的计划表

每次坐下来制定课堂计划时，先想想下列问题：

● 我的教学目标清晰明确吗？这个方案是不是源自于大纲规定？

● 我的整堂课是以学生为中心吗？与学生的现实生活有没有脱节？

● 所有的课堂活动是否以完成课堂目标为重点？

● 我的课堂是否容纳了高效教学的基础成分？某些内容介绍时是否抓住了学生的注意力，新技能与现实生活知识是否紧密联系，之后的活动教学生模拟新技能，紧跟上一个活动，我和学生一起练习新技能，再跟上学生新技能独立练习活动，最后一个回顾活动。这几部分我都做到了吗？

● 一堂课下来，学生是否彻底理解了概念，我的判断依据是什么？

作业

利用我和你分享的这张清单，看看明天的一项教学计划，适当核对已有内容，然后对你的课堂计划做些力所能及的内容补充。教完这堂课后，在此记录下成果。

_____

_____

_____

_____

_____

_____

_____

_____

_____

第 5 天

第6天

如何让课堂真实生动

让它真实生动

不知这些知识垃圾学来何用
您问我可懂？继而失望
请给我学这玩意儿的理由
枯燥乏味，简直找罪受
老师课上唾沫横飞，我在下面出神
沉迷不醒，只等下课铃打断白日梦
这意味着，我学无所获，成绩近零
这意味着，我烦恼缠身，爹娘暴怒
于是我远落人后，欲追太迟
明年留级，我又坐回原地
去年我没学会，今年我依旧迷糊
老师啊老师，请让课堂真实生动
阳春五月，我想升级！

安奈特·布鲁肖

💡 培训要点

❏　没有完美的学生，你我亦然。作为老师要不断地吸取新经验和有效的方法，通过大量实践弄清哪些有用，从错误中剔除没用的。

❏　常常犯错，亦不失裨益，我们正好借机总结教训。所以，请接纳自己的不完美。

❏　教学不是一门精密的科学，但是身为教师，应如良药，为了高质量的课堂，就得不断学习革新创意的教学方法。

❏　现实生活化教学，是指所教的技能知识与现实生活衔接。然而现实生活这个词后面的问题是，谁的现实生活，你我的还是学生的？回答当然是学生的。但作为老师，有时我们常忘了，某项技能知识要恰恰在成年后才具有实用意义，因而忽视了当下它对学生现实生活的重要。我们必需把传授学生的每一项技能和他们的现实生活联系起来，才称得上真正的授业解惑。

❏　在教室里传授的所有技能知识，必需是和课堂外教的技能一样。比如，不从书本里背诵"游泳"知识，或回答"游泳"文章之后的问题，或完成"游泳"作业。孩子们要从"泳池"中学游泳。学生在教室里主要是知道如何"四处游动"。

❑　你在教室曾听到学生问，"我们学这有什么用？"若有学生这么问过你，这是对你亮起了红旗，说明你教的技能与"现实生活"没有联系！

❑　亚里斯多德说，"各科知识都有关联。"换言之，为了学习新知识，将要学习的新技能必须和我们已熟悉的事物联系。当赋予它意义，我们就有了学习它的目的。若看不到任务的意义，我们的大脑就会屏蔽它。毕竟，学那些对我们的生活没用的东西很乏味。

✒ 教学案例

在这一章里，我们要走进几个老师的课堂，这几个人都面临同样的挑战。每个人都希望自己能鼓励和启发学生，每个人都希望他们的学生向往知识，每个人都想让学生投入到每天的课程中来。然而其中一些人意识到他们必须创造一个能实现上述想法的环境，另外的则幻想奇迹能够从天而降。

我们来看几个从这些老师的课堂上筛选出来的正面和反面例子。

正例一

艾维太太是二年级的新老师。在开学前几天她观察学生们的时候，对于他们的餐桌礼仪感到震惊。她不能相信有人居然用手抓饭吃，还有的学生吃东西时候嘴张得很大，乱动他人的食物，几乎不用餐巾，把食物洒在桌子上。艾维太太突然想出一个好方法：正好她的数学课上要讲分数，她打算在一堂课上同时讲解分数和餐桌礼节。她想让课程尽量生动一些，以便学生们同时学会两部分内容。她冲到商店买了课程所需的东西：独立包装的点心、餐巾、纸盘子、塑料刀叉、纸杯和果汁。

艾维太太第二天一早提前来到学校，她给每个学生的桌子上都摆放好所需的用品。等学生们走进教室时，她对学生们说："请直接走到你们的座位上，安静地坐下。每个桌子上都摆放着蛋糕和果汁，不过大家现在不要吃或者喝，听我的指挥。我现在让大家做的是，先把餐巾放到腿上。"（学生们都很兴奋、很投入地完全照做。）

"现在，我希望大家都看着我，看我要做什么。"（所有的目光集中到艾维太太身上，这时她在黑板上画了一个圈。）"这个圈代表你们桌子上的蛋糕。我要大家看着我，说出我在做什么。"（艾维太太用自己的刀子，假装在黑板上画的圈的中间划过，把它分成两半。）她问道："你们看到我在做什么？"一个学生回答道："你把它切成了两半。""正确！"

"现在，习惯用右手的同学用右手拿起刀子，习惯用左手的同学用左手拿起刀子。"（所有学生按照她的口令去做。）"然后，用另一只手拿起叉子，握住。"（艾维老师同时用自己的刀叉、蛋糕做演示。）

"把叉子叉进蛋糕，这样你才能固定住它，再用刀子把蛋糕切成两半。"（所有学生都照做了。）"现在，把你们的叉子放在这儿（她演示该放在哪儿），把刀子放在这儿（她指明正确位置）。请抬头往我这儿看。

我切之前有多少块蛋糕？"一个学生答道："只有一块。""那么我在中间切了一刀以后呢？"另一个学生说："两块。""如果我把切好的这两块拿走一块还剩下多少蛋糕呢？"有一个学生回答："一半！"艾维太太说："很好！"说话的同时她在黑板上画的蛋糕旁边写下1/2。

"现在我要大家再切一刀，这次要垂直于刚才那一刀切。"（她又一次示范给大家看，大家照做。）"现在你们有几块蛋糕？""4块。""注意你还有一整块蛋糕，但是现在被分成了四份，每一份叫做1/4。"（艾维太太在黑板上写下4/4，表明我们有4个四分之一，她解释道，这加起来也就等于1。）

课程继续进行，艾维太太又组织大家展开了关于分数的讨论，并没有关于餐桌礼仪的讨论。这时艾维老师打算让学生吃蛋糕了，她开始复习怎么把餐巾放在大腿上，怎么用刀叉。然后她对学生说："我们就要吃蛋糕、喝果汁了，但是我们先来复习一下餐桌礼仪。"接着，她问了如下问题：

● 餐巾应该放在哪儿？

- 该怎么拿刀叉？

- 刀子不用的时候应该放在哪儿？

- 动别人的食物对吗？为什么？

- 吃完饭之后该怎么处理盘子和用具？

- 如果不小心把食物残渣掉在地板上或者桌子上该怎么办？

讨论结束后，她让学生们开始吃东西。她观察学生，指导学生，确保他们都遵循正确的餐桌礼仪。那天午饭之前，她又带学生们复习了一下所学内容，提醒他们记住所学的正确礼仪，并在食堂吃饭的时候用上。她向学生们保证她会到食堂看他们，提醒他们。（她也确实这么做了。）

接下来的好几天，艾维太太都观察学生，随时提醒他们，直到他们养成好习惯。她的班级成为其他班级学习的榜样，她再也不会为学生们的用餐习惯感到烦恼了。而真正精彩的是，她利用数学课教给大家餐桌礼仪。整个课程非常生动，学生积极参与其中，学到了东西——而且同时上了两门课！这是生动教学的绝好例子！

正例二

杰克森老师要给九年级学生介绍一本新小说，然而他发现学生都不愿意读书。在查阅了每个学生的成绩记录后，他找到了一个共同点：他们的平均阅读水平低于这个年级应该达到的水平。教学常识告诉他，不惜一切代价逃避阅读的学生不可能提高阅读技巧。因此，他的任务就是让学生自己主动想要阅读，然后在这个过程中提高他们的阅读水平。

杰克森老师选了一本很有趣的小说，这部小说描述了主人公母亲的死亡和死后发生的灾难。他知道学生们都会喜欢上这本书，但他必须先让他们读。杰克森老师首先给学生讲述了自己的亲身经历：他的母亲在他15岁的时候去世了。他告诉学生母亲的死给他当年和现在造成的影响。他鼓励学生，也欢迎学生讲讲自己的事。接下来课堂上自然展开了一段漫长的互诉衷肠的讨论，一些学生讲述了自己失去某位亲人或者知道的其他人类似的经历。

杰克森老师又给大家讲了一些关于主人公托米的事："根据前面的讨论，我敢断定你们都会喜欢这个故事。这个故事是关于一个小男孩的，他在14岁时，母亲由于车祸去世了。他的妈妈在故事开始之前就去世了，但是你能从故事里托米的倒叙中了解他的妈妈。谁还记得什么是倒叙？"很多学生举起了手。

一个学生答道："就是你回忆已经发生的事情。"杰克森老师说："答对了。而且随着故事的发展，你将发现自己会被托米记录的一些事情深深打动，难以忘怀！我刚开始读这本书的时候都不愿意放下来，这本书写的真的不错！"

杰克森老师的介绍吸引住了学生的注意力，使学生产生了兴趣。

他不愿意通过分段朗读的方法让他们失去兴趣，经验告诉他这么做肯定会使学生觉得索然无味。所以，他让他们很放松地坐在椅子上，靠着椅子背，翻开小说第一页。他朗读了第一段，这是很有感染力的一段，他读完之后停了下来，开始带着学生们讨论发生了什么，即将发生什么。他注意到"高潮"这个生词在故事里出现了，于是他鼓励学生利用上下文猜测词义。学生们在他的指导自己推断出了词义。

当杰克森老师确信所有学生都明白了所读的内容，每个人都仍然保持全神贯注的时候，他继续往下读。他按照同样的方法教完了第一章：也就是讨论、预测、讲解词汇用法，比较其他课文和学生的亲身经历。在这一章结束的时候，他让学生回答几个问题，他相信学生能回答出来，因为他已经给出了正确的方法。此外，学生回答完问题之后，他们又通过讨论对问题和答案进行了详细分析。杰克森老师找到了攻克小说剩余部分的新办法。他用了老师大声领读、学生朗读、默读、结伴阅读和小组合作等方法，还发明了很多让大家参与其中的小技巧。他们花了很长时间才读完小说，但结果证明花费的时间和精力都是值得的。有些人可能觉得这些方法是"炫耀"或者浪费时间，但杰克森老师认为这是成功的教学手段和学习过程。

依靠这些生动的教学方法，他能让学生专注于这本书。学生明白了故事主线，杰克森老师乐于教，学生也乐于学。

正例三　▶

　　杜普雷女士是一名高中生物老师，她想让学生主动参与她的生物课。在下一单元，她要让学生了解百足虫的生长速度。杜普雷女士定了好几袋百足虫（而且是真的、活着的）。虫子在下午给学生上课前就运到了。她叫一个人照看这些虫子，她心里很清楚该怎么教这堂课，好让学生都参与并且着迷。

　　你听说过"一鸣惊人"吗？用在这儿非常合适。第二天学生们走进教室的时候，他们的桌椅都被重新摆放。所有的桌子都围绕着一个大实验台，这样学生们都能很清楚地看到实验台。杜普雷女士小心翼翼地拿着袋子走向实验台。（学生们看不到袋子里有什么，但是谜底马上就要揭晓了！）杜普雷女士让学生都坐好（任何桌椅的挪动都会造成小的骚乱），然后开始了揭晓谜底的过程。她把一大袋子令人生厌的小动物放到了实验台上！学生们马上叫作一团，有些人装作满不在乎，有些人开始仓皇逃离。

　　百足虫也许是很丑陋、令人毛骨悚然的小动物，但是它绝对不会伤害人，杜普雷女士决定通过手持一只百足虫来证明这一点。这是生物课，学生们习惯了把玩各种动物，所以他们很快平静下来。学生们的注意力都集中到了老师身上。她讲述这种动物生长非常快的时候，学生们都很认真地听。在谈论百足虫每个月的生长速度时，她鼓励学生写出一个数学等式，计算一两个月的时间这种小虫子会长多大。

这节课就这样进行下去。她并没有让学生抄笔记，给他们放电影或者对于百足虫的生长速度发表长篇大论，而是让课堂真实生动起来。再也没有什么比就在学生的眼前，刚刚从洞里爬出来的活生生的动物更真实的了！

反例一

今天又是约翰逊女士"背单词"的日子。学生们知道这一天要干些什么，因为他们都"训练有素"了。在第一学期他们每周一都是学习单词的日子，课程是这样进行的：

- 上课铃响了。

- 学生拿出笔记本和词典。

- 老师用投影仪打出幻灯片，列出一张单词表。

- 学生用字典查生词，把定义抄到笔记本上。

- 许多学生上课开小差。

- 一些学生上课睡觉。

- 一些很有创造力的学生开始干别的。

- 这些富有创造力的学生被叫到办公室。

- 下课铃响了，学生离开教室。

学生没有投入其中，因为他们没有学习。他们不感兴趣，因为这些生词与他们无关。他们没办法把这些词本身与上下文中的词联系起来，因为他们都没看到上下文。

他们知道每周至少要学习20~25个生词。这些词通常都是从课本的下一篇故事里摘出来的，也就是他们在完成词汇作业之后的周二要读到的文章。他们知道如果不在课堂上完成词汇学习，剩下的功课也要在课后作为作业完成。学生们每周要抄一个小时的单词和释义，每周一都是如此，一周又一周。周五考试——每周五都是如此。

你一定能猜到周二做什么吧！

- 上课铃响了。

- 学生拿出课本。

- 老师叫学生们默读某一个故事。

- 一部分学生读了故事。

- 一部分学生回答结尾提出的问题。

- 很多学生都在课上走神。

- 一些学生睡着了。

- 一些很有创造力的学生自己设计自己的课程。

- 这些富有创造力的学生被叫到办公室。

- 下课铃响了，学生离开教室。

我不用再介绍更多的课程了，免得招你烦。约翰逊女士的课堂上可以说根本没有出现有效教学。我们很不幸，不得不接受只有词汇学习和"读文章然后回答问题"的课程。我们知道这样的课堂不可能有生动的教学方法，因为它们与真实生活缺乏联系。

词典和课本是教学工具，但是老师必须要让它们鲜活起来！

马修斯老师是社会学老师，他能告诉你世界上每个大城市、每个州、每个首都、国家、地区、河流和湖泊的名字。他几乎知道所有历史人物的名字，从克里斯托弗·哥伦布到马丁·路德·金。他甚至知道他们每个人的生卒年月，一生当中的每个重大事件。随便给他一个名字，他就会说出一句这个人的名言。

不幸的是，马修斯老师不明白有效教学的概念，他不明白不是每个学生都有和他一样的人生经历。马修斯老师有自己的教学方法，也就是传统的讲座、记笔记、考试，可是效果并不好，学生们的成绩都很低。

典型的马修斯老师的课堂通常是这样的：

- 学生走进教室拿出课本。

- 马修斯老师开始了单调无趣的讲解。

- 学生们疯狂地记笔记。

- 马修斯老师继续单调无趣的讲解。

- 学生们继续疯狂地记笔记。

- 马修斯老师结束了单调无趣的讲解。

- 下课铃响了，学生离开教室。

因为马修斯老师的学生都在奋力跟上讲课的进度，奋笔疾书，老师提供的信息都没有经过学生的大脑，直接写在了笔记本上。

马修斯老师的学生知道如果想在周五的考试上得优秀，他们必须要快速抄写笔记，而且善于记忆。那些笔记记得不全的学生没希望得高分，因为所有的学习都要通过笔记。周五的考试仅仅能证明两点：记笔记的才能和记忆力。

不幸的是，周五的考试并不能证明学生学到了足够的历史知识。如果马修斯老师几周之后要（对那些得优秀的学生）突然进行一次同样的考试的话，就能有力地证明这一点。我敢保证这些"优秀"都将成为历史！

总　结

对我们来说真实的东西，一定是确实发生过的，在某些方面对我们产生了影响的。我们必须能够与它建立某种联系，才能让它变真实。

如果我们可以联想到一个主题，我们愿意把它放在我们的意识当中，把它当成可以在某个地方用到的东西。

另一方面，如果我们认为生活当中的某些东西不重要，没有根据，我们就会排斥它，认为它们不相关。如果我们不能把两者联系起来，也就不会对它产生兴趣。

帮助学生建立这种联系不容易，但是如果没有这种联系，教学就会在真空里进行。有时候，只有老师自己待在真空里，而学生们的思绪天马行空。

我们谁都不愿意对着墙讲课，但是我们却经常看到教室里有这样的情况发生。其实老师们完全有力量改变这种状况。信息可以是在课本、练习册或者电脑程序里，但老师才是让材料变得有生命力的源泉。

不要待在毫无生气的教室里，而是要让课堂生动起来，这样材料才会生动起来。

作业

明天带上你的其中一份教案，尽力与现实生活相结合地教学，课后把你的教学成果记录下来。

_____

_____

_____

_____

_____

_____

如何保持至高的职业精神

人们称我为教育专家

我曾专挑坦途，明知有错，却执迷不悔

朋友们看着，谁唱的曲与众不同

他们牵引我走出忧郁雾霾

帮我顿悟人生错误

因此我踏上"歧路"，那条路写着成功

我亦了然，那条路同样充满荒芜

那些坦途上的行者给我投下了路障

他们嫉恨别人在他们厌烦的游戏中胜出

然而我同自己比赛，赢得功成，而今（听说）

那些人称我是"教育专家"，

"在某种意义上来说"

我认可这个称誉

伊丽莎白·布鲁肖

💡 培训要点

☐ 不管怎么说，父母把孩子放在我们的教室里，是期望老师胜
任这个岗位，热爱教学这个行业。

☐ 不管什么职业，我们既有必要也有权利，强烈要求业内人士
始终秉持专业化的态度。

☐ 经验丰富的业内人士一想到有外行人必须陪伴身旁，就局促
不安。但真正的专业人才，尤其是外行人面前，不改职业
风格。

☐ 我们放弃职业态度，降低到一个外行人的水平，无异于把信
任借给缺乏职业精神的人，简直是火上浇油，助长不良风气。
可惜，在他们心里，他不幸别人也不能快乐，对职业设定
痛苦不满的人常常谋取同感者的支持。这些人为他们的不
幸寻找理由，却不做必要的自我内省。其他老师每"点头"
附和一次他们的观点，等于肯定了他们的"牺牲"，整个学

校的敬业精神随之变差，同时损失一位敬业的老师。

☐ 任何不遵循职业方式的行为，不仅无益反而有害！我们以外行的作风行事，无异于放弃了创造不同的能力。唆使其他人牺牲了职业，等于灭了同行的志气。用职业态度对待执拗的同事，可以说是对我们自己的从教精神的极限考验。

◆ 教学案例

漫长一天的教学工作已近尾声，对于曼德尔太太来说这一天可真不好过。先是孩子生病，昨晚没有好好休息，早晨严重的交通拥堵使她在一个重要会议上迟到。

让人心情更糟的是，早晨第一节课上，学生对她花费大量时间精心准备的课程反应平淡，毫无学习的热情。这一切都发生在上午9点前。瞧！这就是一个老师的生活……

结束一天课程的下课铃声终于响起，曼德尔太太知道自己已经竭尽全力处理今天发生的这些事情了，此刻她身心俱疲。此刻，她还不知道校车驶离校园之前，她的教师专业素养还要经受一次考验。

曼德尔太太走出教室，径直走向校车等候点。这时，一个学生从她身边经过向校车跑去，学生跑得飞快，几乎将曼德尔太太撞倒在地。

事情发生得很突然，曼德尔太太吓得叫出声来，学生没有道歉反而表现得满不在乎。另外一位琼斯老师恰巧看到了这一幕，她立即叫住了学生。曼德尔太太继续往车站走，琼斯老师严厉地批评了这位学生，以非常镇静、严厉的语气告诉学生，他的做法对老师是非常无礼的。琼斯老师要求学生向曼德尔老师道歉，学生照做了。

学生走到曼德尔老师面前，态度诚恳地认错（他知道此时琼斯老师正看着他的一举一动），学生说：“刚才冲撞您，我很抱歉！”此时的曼德尔老师态度散漫，一副不以为然的表情，仿佛在说，“当然……，的确是你错了。”她耸耸鼻子，从他身边走过。这时，学生转过头望着琼斯老师，耸了耸肩，问到：“道歉有什么意义呢？”

对于曼德尔太太来说，在这种情况下，最恰当有效的做法是再一次振作精神，从容面对。（这样的做法事实上是非常有必要的。）这时，哪怕是伪装，也要露出灿烂的微笑，大方地接受学生的道歉，仿佛他的道歉对她很重要。可以想象，老师这样的反应对学生来说影响何其深远。

至于曼德尔女士，她可以回到家里，向自己的丈夫倾吐不快，专业的职业女性都是这么做的！

尽管我们非常同情曼德尔女士“坎坷”的一天，但是我们也应该认识到，虽然她并非故意，曼德尔夫人已经成为了孩子们的反面教材。

她的做法与我们平时教导孩子们的处世态度截然相反。我们希望孩子们记住：无论在什么情况下，对待他人都要有礼貌，尊重他人。

这段经历让这个孩子感受到事情真的发生时，不尊重别人、粗鲁无礼的行为真实存在。当然，曼德尔夫人并无意要示范如此恶劣的行为，但是她确实做了。她让沮丧的情绪控制了自己的行为，丢掉了作为教师的专业素养，真是个不小的失误！

学生们一直在以各种方式来仔细观察、思索甚至模仿老师们的行为。你可能不会相信，如果有一天你让学生模仿你，学生会非常积极踊跃，他们模仿得栩栩如生，足以让你大吃一惊！他们在细心观察一切！

作为专业的教师，我们必须时刻表现出教师的专业素养，即使有时候你并不想这样。有时，这意味着你要强颜欢笑，但是学生看不出真实与伪装的区别。但是，他们却能感受到你是否言行一致。他们听不进去我们所说的，却关注我们所做的。做一位有专业素养的老师，就要做符合专业素养的事，学生们拭目以待时刻观察着我们呢！

◎ 活 动

第1部分

把你们全体教员中最积极的老师的名字记下来。

_____

好，现在看着那个名字，请认真看。好希望自己的名字位列其中……但是令人鼓舞的是，即使你没有写上自己的名字，不夸张地说，明天——你也能成为最积极的一员。而且我感觉，你会回头仔细查看这次培训，因为这也是我的期望，在你的教学生涯中，你会不断地回顾培训记录——下一次，你就能毫不犹豫地写上你自己的名字。

事实上任何一位老师都不希望有负面声誉，然而许多人还是事与愿违。避免负面声誉的上策是，维护好第一印象，第一印象一旦形成，想刷新很难很难。所以要发自内心地教学，尊重学生，始终是为人师表的姿态，和你熟悉的最热爱教育的老师一样，自豪地戴上荣誉的光环。

第2部分
说说一位真正专业的教师具有的5种特征。

1. _____

2. _____

3. _____

4. _____

5. _____

大多数老师描述的特点，诸如：

● 专业的教师积极向上。

● 专业的教师对学生公平尊重。

- 专业的教师与学生相处从不发脾气。

- 专业的教师不闲言碎语。

- 专业的教师乐于搞提高教学的倡议活动。

- 专业的教师穿着打扮有职业教师的风范，等等。

作业

第1部分

如果因为某种原因，你没有名列全校最积极的教师之列，那么明天开始身体力行。你必须要比从前更积极，注意自身甚至你的学生身上发生的变化，若发现积极行为带来些不同的话，一天课结束后，在此记录下来。

_____

_____

_____

_____

_____

_____

_____

_____

第2部分

　　拿着那些名副其实的专业教师的特征列表，明天开始实行其中一项。成果记录在此，然后每天再多实现一项，一周至少要实现一个特征。

_____

_____

_____

_____

_____

_____

_____

_____

_____

_____

　　记住一点，有些人是因为种种原因被动去工作。老师教学是发自内心所愿。真正的老师都这么说，不是我选择了教学，是教学这个职业选择了我。我们心底有个呼唤。是那声呼唤，让我油然而生触摸生命和创造非凡的巨大责任感。

第8天

认识你的影响力

若我为人师

若我教书育人，一生孤独为业
我会带着使命感，向每个学生提问
以好奇心诱使他们自学
因为疑问愈多，研究愈深刻
倘若身为老师的我，点燃了学生的思想之火
那么我真正触摸到了世界——
而这种影响
将绵绵无绝

安奈特·布鲁肖

💡 培训要点

☐ 用亨利·亚当斯话的说，"老师的影响力是无穷尽的，不知道什么时候消失"

☐ 自从当上老师，你就自然而然成了孩子模仿的典范之一。

我们老师，作为一般意义上的平常人，很容易忽视了日常给学生的人生影响。这种影响可能是充满希望的正能量；然而，倘若我们没有以高度的敬畏心对待这种能量，它也可能极具伤害力。出于坏心情，我们可能随意说了一些事，那些不经思考的话，学生听到心里，就会造成负面影响。

事实是，你作为老师，会影响自己每个学生的生活。至于是正面影响还是负面影响完全取决于你！

不论你是新手上路还是经验老道，现在伊始，坚持做一个"我与众不同"的文件夹。这是种非常特殊奖励的简单理念。一个"我与众不同"的文件夹就是个简单的文件，你可以记录来自学生的随想杂感，感谢卡，表扬信，某个特殊日子里你碰上的令人激动或感动瞬间的故事，父母的来信等等。而某些举步维艰的时期，当你怀疑自己有没有真正的创新时，取出这个文件夹，从头浏览。它会确证你的改变，重新点燃你教育孩子的热情，让你重新记起，你选择了世间最高贵的职业——教育事业！

◆ 教学案例

很多老师选择教书这门职业，是因为他们在上学期间受到了某一位或几位老师的鼓励和启发。而且还有很多很多的故事讲的就是某位老师如何影响了一个孩子的命运，甚至可以说拯救了他。对我而言，如果不是受四年级老师努玛·杜赫、五年级老师玛沙·理查德和九年级英语老师玛格·巴克的影响，我就不会选择做老师，现在也不会写这本书。他们不仅影响了过去的我、现在的我，甚至还要影响将来的我。

要知道，不管我们值不值得，学生都会认为我们神通广大，无所不能，除非我们让他们相信事实并非如此。所以，请你一定要意识到，在学生的眼中，你的影响力是非常巨大而又深远的。如果能够对一个学生的生活施以积极的影响，你就会影响他的将来，而且还会影响到他将来会遇到的每个人。你永远都无法完全地认识自己的影响力所辐射的范围有多广。你要记住，今天，每一天，你的点点滴滴都将决定学生会受到怎样的影响，不仅一时，更是一生。

这是本学期的第三周，一名新学生被分派到巴特利特夫人三年级的班级。新生名叫胡安，有着在老师眼里不太"光彩"的历史：成绩低，目无尊长，家庭不和睦。之前所在的三所学校都将他归为需要接受特殊教育的学生。然而，到目前为止，这些尝试都未能"成功"。胡安的阅读水平跟一年级学生差不多，数学跟二年级学生水平相差不大。

至于他的社交能力嘛——我们暂且称之为"还有极大的提升空间"吧！根据胡安的情况，校长把胡安分派到巴特利特夫人的班级。为什么？因为在教学中，巴特利特夫人是位真正的艺术家，在对待"问题"学生时，她具有罕见的能力，能发现他们身上隐藏的良好品质和潜能。

巴特利特夫人的教学生涯已有三十多年，至今她还常常能收到学生的来信，也经常有学生拜访她，感谢她曾对自己的教导与培养，并将自己所取得的成就都归功于巴特利特夫人。那么，在胡安身上，她还能继续创造奇迹么？请继续往下读吧！

很快，巴特利特夫人就与胡安建立起了良好的关系，还在班级中欢迎胡安的加入。（不管你相信与否，这是胡安第一次被"正式"介绍给同学。）在刚开始的几天里，她花了很多的时间增进师生彼此间的了解，试着发现胡安的兴趣所在。很快她便发现，胡安对颜色和艺术有着极大的兴趣。教室的一面墙上有个"个人风采"专栏，每个学生都有机会在这面墙上一展个人风采。他们带来自己的照片，写下自己取得的进步，张贴自己的梦想，骄傲地展示体现自我的经历。开学第一天，巴特利特夫人就让胡安带来一两张自己的照片，贴到墙上。而胡安却说自己没有照片。巴特利特夫人马上就拿出自己即刻成像的相机给胡安拍了照，当天就贴到了"个人风采展示墙"上。

很快，巴特利特夫人就发现胡安在学习上的进步缓慢。但是，这并没有让她放弃帮助胡安获得成功，她并不逼着胡安按照三年级的水平学习，而是根据胡安的个人水平，帮助他慢慢提高。这么一来，巴特利特夫人知道胡安很快就会体验到成功的滋味了。

自然，胡安也没有让老师和自己失望，他每天都得到了老师的表扬和称赞，而巴特利特夫人更是告诉胡安，老师在他身上发现了无限的潜力所在！她还把胡安每天带来的画作张贴在"个人风采展示墙"上。

她张贴越多，胡安画的就越多，他也更迫切地想得到老师的认可。巴特利特夫人运用她特有的"创造力"，将自己教给胡安的每件事都与艺术、色彩、形象以及美学联系起来：比如在教胡安写作的时候，她让胡安写艺术方面的文章；教胡安阅读的时候，她让胡安阅读与艺术相关的作品。

很快地，胡安便取得了艺术和学业两方面的进步。在年底，胡安在班里的成绩名列前茅，并获得了学校的奖励。许多年后的今天，胡安考上了大学，成为了一名职业艺术家，他为企业策划广告，收入相当可观，并有一位美丽的妻子和两个漂亮的孩子。至今他还经常去拜访巴特利特夫人。

学校的很多教室里必定都有"胡安"的身影。令人遗憾的是，大多数的"胡安"都没能取得本应属于他们的成就：一些人沉沦，一些被老师渐渐遗忘。大多数的"胡安"根本没机会得到像巴特利特夫人这样老师的教诲。

请记住，我们的"胡安"也有过学习成绩差，藐视课堂纪律的过去。也许他们中的一些会继续在"叛逆之路"上走得更远。倘若巴特利特夫人没能发现隐匿在胡安身上的力量和才能，胡安很可能就会远远地被抛在同学之后，变得更加叛逆了，那么他的将来也必定是不成功的。继而他会被留级，成为学校纪律管理的"头痛问题"。和其他的这种"问题"学生一样，他很快会辍学，尚未成熟就迈入社会的门槛。没有好的教育，胡安很可能成为对社会有害的人！

英国剧作家、诗人、散文家奥斯卡·王尔德曾说过，"卓越的艺术家从来不仅仅只看到事物的表象，因为一旦如此，他们就不再是艺术家了。"现在，我们不妨模仿王尔德的名言来给教学下个定义，"卓越的教师从来不仅仅只看到学生的表象，因为一旦如此，他们就不再是教师了。"作为教师，我们拥有一项特殊权利——在学生身上发掘他们所隐匿的力量和潜质。我们应该剥去他们身上带着假象的"外衣"，发现这些潜质。一旦它们流露出来，我们必须帮助它们的主人——学生去发展、提高这些潜质。真正的成功、力量和潜质隐藏在各个学生身上。作为学生的"雕刻师"，我们必须有化腐朽为神奇的能力，把隐匿很深的能力发掘出来。作为教师，我们通过这样改变每个学生，来改变整个世界。

　　把你对约巴特利特夫人的看法，无论什么一律写下来——她对待胡安的方式给你什么印象？对巴特利特夫人的处理方式概述几点想法。

　　_____

_____

_____

_____

_____

_____

_____

_____

　　关于巴特利特夫人对待胡安的几个重要方式：

　　● 尽管胡安的表现差强人意，但是巴特利特夫人却从没有放弃关注他。

　　● 她从不对胡安发火，但是她尽老师的责任，关注他的行为。

- 她凭直觉就知道，胡安内心正受着煎熬，渴望得到认可。

- 她总是找到方法，让他获得成功感。

她的底线是，始终维持专业教育者的风度，让胡安通过教育找到自己，得到成长，那才是教师触摸生命的方式。

作业

准备简简单单一个文件夹，标注上"我与众不同。"其内至少存放一样东西，或许是某个同学、一位家长的来信，或许是校长观察你一段时间教学后，给你寄来的一封漂亮的信笺，亦或者，你想写写身为老师暖彻心底的难忘体验，或这样想，这个文件是帮你记住一些事，无论你何时需要翻看的足迹，你是与众不同的，你的影响力远比你认知的更深远，更有意义。

记住，倘若你用积极的方式影响了一个学生的人生，你因此就影响他成为什么人，间接影响他邂逅的每一个人的生活。你永远估摸不透你的影响力度。但要知道，你和学生交流时的言行举止与反应都将会潜移默化地改变他们的性格——不只是今天这一时，而是他们的一生。

第9天

成为你想成为的人

我有个计划

我准备拟定个计划
即新年决定
但计划还是空想
方案依旧没有决定
计划未成条文
行动无章可依
你首先必须拟定计划
然后照章力行

安奈特·布鲁肖
伊丽莎白·布鲁瑞克斯

♀ 培训要点

☐ 如果你欲到某地去，会根据欲往之地的地图拟定计划。然后直奔目的地。

☐ 沿途你可能不可避免地绕了几个弯路，然而心中有目标，找到了正确的方向，你终究会到达目的地。

☐ 成功人士的目标都很明确。清单上详细列出目标，每个目标直奔他们的重点。

☐ 然而令人惊讶的是，实际做出书面目标计划书的人不到百分之三。

☐ 书面目标远比只在你心里飘来飘去的"虚拟目标"有分量。你心里的目标通常只在心里开花结果，然后消失。但是白纸黑字记下来，就会出现奇迹，因为那些目标变成了具体的存在。现在带着那些书面目标，每天看看，只要每天朝着目标迈进一小步，日复一日，你就会抵达成功的彼岸。

☐ 记住，想是想，做是做，天壤之别。我们都想造就学生的非凡，但不是每个老师有了目标都能采取必要的实际行动。许多人习惯成自然，基本上是沿袭着一成不变的教学模式，年复一年，乏味的一年过去，他们也一成不变地收获平凡的结果。

☐ 写出目标仅仅是第一步。计划写出来，精力集中在你的真正愿望上，然后开始实际行动，每天一小步一小步，坚持不懈地朝着你的目标前进。

☐ 就设定的目标而言，有三种偶然情况或许会导致不良结果。其一，我们设定了目标但没有真正可行的计划；其二，目标不切实际，自寻失败；其三，目标切实可行，计划也堪称完美，但一个细微末节导致行动失败！

◆ 教学案例

恐惧。这个词描述了我上第一节课之前那个星期五的心情。

那时我刚刚开始在海尔顿高中工作，和大多数新教师一样，我在开学的前一周新同事见了面，并为新学期做着准备。整个星期我都昂首挺胸地走在校园里，向别人展示我的镇静和自信。

"准备得怎么样了？"其他历史老师问我。"一切顺利！"我答道。热心的管理人员还会问，"需要帮忙吗？""不需要。"我回答，"我已经胸有成竹了。"然而，没有人知道，我的双脚正在鞋里发抖。

不要误解我的意思。其实，我很有信心做一名好老师。我在上一个学期完成了教学实习，而且发现自己在引导学生学习这方面具备一定的天赋。我喜欢备课，擅长依据整个课程安排教学内容、制定教学进度，还注重自己在课堂上的举止。但我不知道如何上第一节课。你又是如何开始新学期的呢？

第一节课，正当我感到困惑时，我心中的英雄、骑士，沃尔特·贝利身披闪闪发光的铠甲出现了。贝利老师是社会科学教研室的主任，也是我的指导教师，身高一米六，体重也只有54公斤。然而，在我眼中，贝利老师却是一个巨人。这是一位多么出色的教师啊！每次上课，他都衣着整齐，打着领结，系着背带。贝利老师专业精湛，善于领导，三十多年来把对历史的热爱播撒在学生心中，他的课堂也总是生机勃勃。我欺骗不了贝利老师，因为他能看穿我平静的外表背后的真实感受。

星期五下午一点，上课前他问我出了什么事。我坦言相告，"贝利老师，"我说，"我不知道第一天走进教室时该做些什么。"他回答说，"别紧张，孩子。第一节课你先讲一讲学校管理部门公布的通知和纪律。我第二节有课，你来听课吧。到时候你就知道如何开始上课了。"

周末很快就过去了，转眼到了开学第一天。第一节课的铃声响了，我按照管理部门发给我的要求，一项一项向学生介绍。做完效忠宣誓，念完通知，我一边点名一边仔细检查了每个学生的课程表——8分钟过去了。我放慢语速做了自我介绍，告诉学生能成为他们的老师我很高兴——6分钟过去了。我把课程安排和班级纪律发给了学生，正反面逐字逐句地念了一篇——又过了12分钟。接着，我宣读了"行为规范"1~8页的内容。所有的材料都用完了，可是距离下课还有几分钟。于是我问学生有没有问题要问，没人吱声。于是最后90秒我站在教室前，注视着这群14岁的孩子，他们显然感觉很无聊。

铃声终于响了，学生们拖着步子走出了教室。我把材料收了起来，快步穿过走廊赶往贝利老师的教室，想要看看他怎么上第一节课，因为我下定决心要在第二节课给学生留下更好的印象。

我希望通过贝利老师的示范学会如何给学生留下好印象。我赶到教室时，他朝后排的角落指了指。我坐下来，开始观摩这位"大师"工作。

贝利老师站在教室门口欢迎学生：他紧握每个学生的手，向他们鞠躬，并且问候"你好"。他迅速地看一眼学生的课程表以确认他们没有走错班级。在点名册上找到学生的名字后，他便指向学生的座位。课桌上早已贴上了一张写有学生名字的卡片。我注意到，贝利老师很快就控制了整个班级。你看，他拥有自己的"领土"，屋子里的其他人仅仅是这个王国的客人。学生走进教室时，我发现他们已经察觉到在这间教室里神奇的事情即将发生。

然而，我没有注意到贝利老师在迎接学生之前有意在身后一两米远的地方放了一只金属制的小垃圾桶。经过多年使用，垃圾桶已经变形凹陷了。距离上课还有半分钟，学生们也都坐到了指定的位子，我看见贝利老师和一位经过走廊的老师聊了两句。

上课铃刚刚响起，贝利老师突然转身，走了两步，朝那个小垃圾桶上踢了一脚。只见垃圾桶腾空而起，横扫过教室。还没等垃圾桶撞在对面的墙上，贝利老师已经开始讲课了。注意，他手里没拿点名册，也没发给学生课程计划、班级纪律或任何开学第一天要交代给学生的材料，就已经开始上课了！他甚至没有做自我介绍！ 一开始上课，他用两分钟对人性和文明的发展做了振奋人心的介绍。学生完全被他吸引住了。接着，贝利老师拿出了一个丰满的妇人的微型雕塑，让学生传看。当学生辨认出这是"大地母亲"的徽章时，就已经完全被他征服了。

贝利老师刚刚认识这些学生几分钟，学生们就已经跃跃欲试，手舞足蹈，想要得到他的注意和认可。一瞬间我意识到，这就是优秀教师的课堂，优秀的教师与众不同，是他们让课堂发生了变化。

◎ 活动

今天我们将采取三个简单的步骤——如果照此而行，你会实现目标。步骤一：你将在书面上明确你想当哪一种老师——明天开始行动。二：根据定位，写出三个明天着手实施的目标，并为实现目标写一个计划。第三，即最后一步：每天为接近目标采取一个行动。每天仅一个简单的行动，如此小步小步前进，直到成为你理想中的老师。

第1部分

如果你成为了理想中的老师——即你心目中的老师——你觉着要拥有哪种品质？

1. _____

2. _____

3. _____

4. _____

5. _____

第2部分

回顾上面的列表，在你想拥有的3种特征的顶端打对号。

第3部分

在下面写下你打勾的3个特征，然后在每个特点后面，为如何培养自身品质，提出一个目标。把那3个特征转变成你致力于实现的3个目标。

特征1 :_____

目标：_____

_____

_____

_____

特征2：_____

目标：_____

_____

_____

_____

特征3：_____

目标：_____

_____

_____

_____

第4部分

每个目标确定一个时间段

目标1，限期：_____

目标2，限期：_____

目标3，限期：_____

第5部分

为达到目的，在每个目标旁边至少写3种方案，以此来确定要致
力于行动的计划。

作业

恭喜你！你已经拥有了实现目标的计划。现在你所要做的一切
是——明天，开始付诸于行动。把那3个目标张贴在每日触目所及的
地方，让它一直提醒你完成目标，日增成效。

第10天

恪守创造不同的承诺

教师的誓言

我，一名教师，向您承诺会好好照管您的孩子

将他安全地置于我的羽翼之下

我将尽我的全部力量，爱护他，培养他，关心他，教育他

分担他的悲伤与痛苦，分享他的喜悦与成功

我会为他感到骄傲

也为自己有幸在他的人生旅程中提供帮助感到骄傲

在他叛逆顽劣时我依然会选择包容他

因为我知道"不良行为"和"坏人"之间并没有本质联系

我不会变成学生压力之下的受害者

同样也不会让他们成为老师压力下的受害者

我会严厉，善良，公正，并且持之以恒

伊莉莎白·布鲁瑞克斯

🔍 培训要点

- [ ] 你已经知道一级、二级和三级的划分意义，随之也明白了自己成为第三级教师的重要性，如此你就可以把你的学生培养成第三级学生了。

- [ ] 你已确定成就高效老师的特质，且你身上已初现这些特点。

- [ ] 通过坚持不懈地执行常规，你的课堂管理和纪律方案收效越来越好。

- [ ] 你正学着利用创造性的聪明心理学，循循善诱，以达到你的课堂目标。

- [ ] 你已经学会更积极主动地剔除潜在的纪律问题。

- [ ] 你已经认识到每天在教室门口迎接学生的重要性。

- [ ] 你知道将课堂"故障时间"最短化的方法。

- [ ] 你知道与学生交流如何更好地控制自己的言行反应。

- [ ] 就是再混乱的局面，你也能保持镇静。

❑ 你知道更高效的备课方法，把每堂课与学生的现实生活经验
联系起来。

❑ 你深知不惜一切保持职业精神的重要性。

❑ 你明白你对学生的影响意义深远。

❑ 最重要的是，你已经明确想做什么老师，且做好了达到目的
的书面计划。

唯一让你取得最高教学成就的阻碍是你自己。但考虑到你坚持
进行了为期10天的实际培训，具备了成功教育者的一切素养！我敢
说一个经过持续10天训练，始终以此奉为圭臬的老师，任何学校都
会欣然聘用。实际上大部分老师没有把培训课坚持到底，因此你优
先一步取得课堂的最高成效。

◆ 教学案例

西蒙老师每天都充满热情地在走廊等着来上课的学生，他面带
微笑和学生一一打招呼。走廊的对面，卡尔顿老师站在教室门口，
她神情严肃好像一点都不高兴的样子。西蒙老师的学生课业繁忙，
收获颇多，学习进步很快，而卡尔顿老师的学生刚好相反。西蒙老
师的课堂气氛活泼，卡尔顿老师的课堂一片凝重。碰巧的是，两位
老师都是19年前来到这所学校的，他们一教就是19年。

西蒙老师每次和同事说话都乐观开朗，即便遇到不幸的事，他

也乐于接受来自学生的挑战。卡尔顿老师则相反，她总是情绪消极。私底下同事都叫她"老古板"。所有与她打过交道的学生、老师、家长和学校领导都离她远远的。据说有人听到她说过这样的话：要不是这些该死的学生，她早就能……了。（其实，如果不是这些"该死的学生"，她早就下岗了！）

每次学校有事，西蒙老师都很热情地主动帮忙。可是，每当需要卡尔顿老师帮忙，她都用威胁的口吻说要找律师投诉学校，因为她觉得那些事与教师职责无关。两位老师的对比很鲜明。为什么在同一所学校，教同样的学生，相处的同事相同，工作时间也相同的两位老师会有这么大的差别呢？但事实就是如此，并且这种情况在许多课堂上都存在。

19年来，西蒙老师每天面对工作都兢兢业业。19年来，卡尔顿老师每天面对工作都是牢骚满腹。

西蒙老师之所以事业成功主要是因为他热爱教学事业！很多年前，他就立志从事教育工作，他十九年如一日地工作。他爱他的学生，也热爱他的工作。若要西蒙老师谈谈对工作的看法，他会告诉你，能从事自己喜爱的工作是他的幸运，他收获了很多。而卡尔顿老师会说她的付出与回报不成正比！

卡尔顿老师不是她工作的牺牲品，也不是她学生的牺牲品。其实，她是自己的牺牲品！不管是什么理由，她不喜欢教学工作，这不是她的错，毕竟她不适合做老师。但错就错在，她做着自己不喜欢的工作，而自己的负面情绪影响了别人。更严重的是，她自始至终这样带着负面情绪为学生树立榜样、为学生传授知识、激励学生并指引学生。19年来，她未能完成使命，未能履行职责。年复一年，她变得越来越爱发牢骚，日复一日，学生也越来越痛苦。

作为教师，这个职业是我们的选择。我们申请了这份工作，通过了面试，签订了合约，并承诺要尽守职责。作为教师，我们不应该是工作的牺牲品。我们选择了日复一日、年复一年的教学工作。我们可以自由选择从事别的工作。如果我们热爱目前的工作，就能做得更好。

如果不喜欢，我们只会做得越来越糟。学校不是呆板、牢骚满腹的人的避风港。

既然选择了教学，就要热爱这份工作，付出我们的心血，呵护好学生。学生要靠我们来获取知识，不能让他们失望。

◎ 活动

想想你最青睐的教学妙计，这一招对你和有关你的学生的各方面言行表现、学业成就，或是对某个概念的理解等等起到非常效果。从你的"魔法袋"里拿出最喜欢的这一招，写在这儿。

_____

_____

_____

_____

_____

_____

_____

_____

妙招补单

● "爬黑板"妙计：大家都知道各个年龄层的学生都喜欢到黑板做题。但先想想一个学生在黑板上写字算题的时候班里出现的情况，大概两三个学生看黑板。那么其他学生都在干什么？交头接耳，各行其事，对吗？这儿有个巧招，有如魔法一般凑效：

当你派一个学生爬黑板时，就让其他学生解决数学题，让所有学生看着自己的算题本举手。只要黑板上学生的演算和他们本子上的过程一致，就坚持举手。如果黑板上的学生和他们的演算一开始就不一样，那么就放下手。黑板上的学生可以随意回头看，如果看到多数没有举手，他可以重新检查自己的演算过程，作必要修改。这个"妙计"能在一个学生爬黑板的时候成功地抓住其他学生的注意力，让他们都有事做。就这么简单，效果漂亮极了！试一试吧！

● "健康的竞争"法：把你的学生分成两组，两组学生进行周期评分竞赛。一个周期结束，获胜方获得一个聚会主持权，分数不足的一队就等于放弃了聚会权。当然，竞争的实际心理还是为了每个学生都能出席聚会。聚会策划和主持由另一队负责。两队竞争期间，从言行举止，到成绩、交作业，你能想像到的任何表现都可以划入获胜积分。

作业

与10位老师分享妙计。然后让这10位老师也拿出他们的成功经验与你分享、如此你的魔法袋里又多了10招妙策。分别尝试一下，可能有的不错，有的毫无效果，但你一定要择优补充你的魔法袋。

在下面的横线上列出10招你新得的巧计：

_____

_____

_____

_____

_____

_____

_____

_____

第 10 天

让你的课堂创造奇迹

记住，你的任务不能间断，你教学的每一天都要继续实行这10天培训所学的方法，因为这10天培训仅仅是你教育生涯的伊始。

你教了30天也好30年也罢，现在开始永不太迟，起码来说，你的教学要做一些积极的变化，只要你需要一点精神鼓舞，一个提示，或专业进修，你就拿出这本书看一次，你的教学效果就会提高一点。随着你教学能力的增长，学生的成绩也会水涨船高。

最后提醒，你要记住，你今天给学生的影响是终生的，他们的心版上永远抹不去我们的形象。我们，没有一个人能深刻认识到，作为老师给学生的影响有多大。

有幸和你共度的这10天时光，已经成了我纯粹的快乐。我真诚地祝愿，通过应用这10天讨论的简单技巧和策略，你的每堂课都收获教学的回馈。但是最重要的一点，我真诚希望，作为老师，你的学生理应成为你的受益者！你，关心学生，不断学习成长，并且确信每个孩子，是的，确信每个孩子，都能成功！

现在回到你的课堂，创造奇迹吧！

安奈特·布鲁肖

对教师最重要的 10 条建议

Top 10 Lists

如何为开学做好准备

新学年开始之际，教师一定要上好头几节课，因为教师留下的第一印象将会对学生整个学年的学习产生影响。

1. 做好准备。布置教室；明确第一周教学的每一个环节；熟练掌握教学内容，并备有应急预案。

2. 为家长准备一份课程提纲、课程简介、所需教学材料清单以及其他宣传材料。

3. 收集家长工作单位电话号码、手机号码和电子邮箱地址，创建家长联系方式表。

4. 听取同事的建议，多问问题，学习同事的经验。

5. 获取班级名单或年刊，掌握学生信息。

6. 利用家长会的机会和家长进行交流，但要避免讨论某一学生的具体问题。

7. 要有明确的教学目标，并向家长和学生传达这些目标。

8. 演练对学生发表的第一次讲话。

9. 在开学第一天明确学习要求和教学步骤（这两点应该写入"课程简介"），按照要求和步骤进行教学。

10. 了解学校和整个校区的各项规定以及所教科目的标准（如学习标准，高级替代课程标准）。

我曾在书中读到过，教育是保护未来的第一道防线。面对今天聪明可爱的年轻人，我为自己能成为他们的老师而感到荣幸。我的目标是影响数学界，从每次影响一个学生开始。

家长希望教师做到的10件事

家长希望孩子能拥有一位"好老师"。人们对"好老师"的看法基本一致：待人公平、教学有趣、精通教育。通常，学生都很喜欢这样的老师，家长也很满意，因为孩子在这样的老师身边感到很开心。像学生一样，老师的性格、教学风格和优点也各不相同。人们都希望孩子能拥有一位帮助他们学习、成长、培养学生学习兴趣的老师。

1. 及时和家长沟通学生的在校行为和表现。

2. 热爱学生，热爱学习和生活！让学生知道老师也是普通人。

3. 在学生需要时对学生进行辅导。

4. 把教学和生活联系起来。回答学生在家提出的问题："我什么时候才能使用这个/需要这个/了解这件事？"

5. 为学生提供学习和应用所学知识的机会。让学生发现老师故意犯的错误。

6. 对学生严格要求，态度友好。

7. 发现每个孩子独特的性格特征、能力和学习方式。

8. 言行一致，公平对待所有的孩子。在想要嘲讽、奚落或排斥学生时，遵循"己所不欲，勿施于人"的箴言。

9. 使用多种教学方法。不要总是讲课，不要一味地使用幻灯片或演示文稿，也不要总是放电影。不断激发学生。不要让学生认为"上课无聊"。

10. 享受教学。作为教师，一定不要忘记你拥有的影响力。虽然家长很少和老师见面，但是通过孩子，家长对教师也会有所了解。上学时，孩子和老师呆在一起的时间更长。老师留的作业决定了孩子晚上的安排。白天，老师和同学如何对待孩子决定了孩子整晚的心情，并且会对孩子的自我形象产生深远的影响。通常，老师的教学风格和性格特点会决定孩子能否实现既定的学习目标，能否获得成功。

小学课堂管理10条建议

课堂管理是课堂教学成功的关键。课堂管理不仅仅是挂在墙上的行为规范和惩罚措施，课堂管理的目的在于让学生知道老师关心他们，也热爱教学，希望他们获得成功。课堂管理还涉及到教室的布局以及开学第一天的准备情况。

1. 班级纪律：开学第一天，利用社会科学课程中关于纪律的课文或一本强调课堂纪律重要性的书对学生进行班级纪律教育。学校图书管理员可以帮助你查找这方面的书籍。一定要把纪律控制在四至五条。尽可能使用肯定句。如你可以对学生说"请步行"而不要说"不要奔跑"。明确违反纪律的惩罚措施，始终如一地贯彻纪律。通过表决等方式征求学生对纪律的意见。

2. 行为计划：使用视觉手段向学生展示教学内容。例如，你可以使用一棵长满苹果的树，或者彩色图书卡片，以及其他和教学内容相符的彩图。

3. 教室布局：教室布局应该确保无论你坐在哪里都能看到学生。参加后排小组的讨论时一定要面对前面的学生以便监控整个班级。课桌的摆放要保证学生看到黑板、电视以及老师讲课。最有效的课桌摆放格局是四人一组，这样便于学生分组学习或独立学习，避免来回移动。

4. 贯彻纪律：学生希望老师制定纪律和惩罚措施。尽管他们有这样那样的怨言，但是学生需要纪律。对于教师和学生来说，制定纪律至关重要。

5. 做好准备：学生走进教室，教学就要开始了。这时，教师一定要准备好教案，整理好当天教学所需的材料，打印好工作表。一定要提前做好准备，你或许打算在备课时间再做准备。可是，如果其他预想不到的事情发生，占用了备课时间怎么办呢？每天，你都要按照有人来听课的标准做好准备。

6. 时间：对于教师来说，充分利用每天和学生在一起的时间至关重要。如果准备充分，是可以做到这一点的。提前几分钟到教室，这样可以确保一切井然有序，不要和学生同时到教室。你需要几分钟做最后的准备，以便学生进教室后就可以开始上课。

7. 捣乱的学生：无论教师多么努力，还是会有学生扰乱课堂纪律。如果捣乱的学生行为过于严重，导致教师无法上课或其他学生无法学习，就应该清除他们。你可以让这样的学生站到教室后面，面壁思过。同时，给他们一张写有问题的卡片："老师让你罚站的时候你在想什么？"这张卡片可以让他们在计时隔离期间反省自己的行为。你也可以为他们单独安排一间教室，留一些作业给他们。为捣乱的学生留出充足的时间，让他们自己决定什么时候回到班级或座位。

8. 日常工作：刚开学的几个星期，教师一定要花时间监督班级日常工作的执行情况。学生明确了要求，反复操练，自然而然就会做好每天的日常工作，顺利地度过过渡时期。

9. 过渡时期：这是确保做好班级日常工作的关键时期。在过渡时期，教师应该在教学中安排一些有趣的学习活动，例如，通过唱歌回顾所学内容，以此调动学生的情绪。

10. 肯定孩子的行为：要指出学生的良好行为。将学生的良好行为作为示范，向其他学生展示。对学生取得的成绩和具体行为表示祝贺——对行为本身而不是对学生个人做出评价。使用这样的句型，"我想你一定为自己的……感到自豪。"需要注意的是，有些学生不好意思在其他同学面前接受表扬。在这种情况下，应该对他们进行单独表扬。

应对后进生的10条建议

孩子是我们的未来。我们应该尽最大努力做对孩子最有益的事，竭尽全力支持孩子。我们要相信所有的孩子，当孩子感觉到我们的信任，便会充分发挥潜能。教师和家长要引导孩子设定目标、憧憬未来。在我看来，没有哪个职业比教师更加高尚，因为教师塑造了孩子的灵魂。正如亚里士多德所说，"明白道理的人，做事；通晓道理的人，教书。"

1. 对孩子充满希望：对孩子充满希望是多么重要啊！我们都知道，没有人天生甘愿落后；因此，严格要求所有的孩子。我总是鼓励每一个学生，让他们知道老师相信他们能成功。诚然，他们在成长过程中需要帮助，也会不可避免地跌倒，我们要向孩子伸出援助之手，让他们看到成功的希望。

憧憬未来是一门艺术，它可以帮助你看到别人看不到的希望。

——乔纳森·斯威夫特

2. 明确目标：每个学期开学时，我首先会让学生写一篇简短的文章，陈述自己在这一学年里要实现的目标。一旦学生把目标写下来，就很有可能实现它。整个学期，文章都会挂在墙上作为提醒。

人失去了目标就像船失去了舵盘。

——托马斯·卡莱尔

3. 张贴品质：我在教室里放了一张公告板，上面贴着教师应努力培养学生具备的性格特征。而且，我对每一个特征做了解释。这张公告板是课堂的焦点。每当学生违反了纪律，我就会引导全班同学围绕这些性格品质展开讨论，看看那些品质可以帮助我们不犯错误。我们还讨论了性格在人的一生中的变化。

性格是一种长期的习惯。

——普鲁塔克

4. 做积极主动的学习者：我认同埃德加·戴尔提出的"学习金子塔"理论（1969年），这一理论强调，学生应参与到学习中来，而不是做被动的学习者。实践能够使学生接触社会，为他们提供解决问题、相互合作的机会。学校有责任培养学生掌握生活必须的技能，让学生成为对社会有用的人才，因此，一定要让学生参加实践活动。只有积极地参与到学习中，才能达到最佳的学习效果。

我们对生活充满了梦想，而梦想必须和行动联系起来。梦想和行动需要交织在一起。

——阿尼斯·尼恩

5. 友善：我在开学时问学生最希望老师具备哪一种品质，大多数学生的回答是，友善。我们往往会忽视一些细节的力量，如一次抚摸、一个微笑、一句友善的话语、一次聆听、一句真诚的赞美、一次小小的关心。这些行为都有可能改变孩子的生活。

友善是一种语言，聋人也可以听到，盲人也可以读懂。

——马克·吐温

6. 了解学生：学生走进教室时，我会站在门口迎接、问候他们，通过观察学生的面部表情和肢体语言，我能准确地掌握学生的情绪。你可以利用这个机会化解矛盾，以免矛盾升级。

与人接触的关键在于了解对方的需求。

——阿德莱·E. 斯蒂文森

7. 尊敬：我发现，教师对学生表示尊敬，学生就愿意服从老师的要求。作为教师，不仅仅要尊敬后进生，而且要尊敬所有的学生。

教育的秘诀在于尊敬学生。

——拉尔夫·沃尔多·爱默森

8. 关爱：和后进生建立积极的师生关系关键在于了解他们的需求。当学生看到老师努力了解自己，便会知道有人关爱他们。而当学生得知老师关爱他们，就会主动表达自己的需求。

引导自己，需要用脑；而引导他人，需要用心。

——约翰·麦克斯韦

9. 做出榜样：教师一定要为学生树立榜样。学习再吃力的孩子看到老师以身作则也会尽最大努力学习。

树立榜样不是影响他人的主要手段，而是唯一手段。

——阿尔伯特·爱因斯坦

10. 合作学习小组：我发现有一条建议能帮助我实现以上谈到的所有目标：那就是在课堂上建立合作学习小组。开学初，我花很多时间建立学习小组。这种学习方式既可以帮助学生完成自己负责的任务，也可以实现互助合作。更重要的是，学生有机会和平时很少接触的同学建立联系。同时，还学会了如何通力合作，发挥团队的作用。

人只有参加集体活动才能成长。不付出努力，身心就不会获得发展，而努力意味着不断地学习。

——加尔文·柯立芝

我是后进生，老师请遵循以下几点：

● 当知道我会回答某个问题时，叫我发言。

● 心胸宽广。

● 不断地给予我鼓励。

● 我不开心时，允许我独处。

● 通过树立榜样来影响我。

- 永远不要放弃我。

- 老师也需要休息。

- 不要侮辱我。

- 将我成功的消息告诉大家。

- 尽最大的努力帮助我。

我是后进生，你要知道，我：

- 很特别；   - 心灵脆弱；

- 很难猜透；   - 心情沮丧；

- 容易气馁；   - 有时固执、冷漠；

- 喜怒无常；   - 很敏感，你不易发现。

后进生需要那些坚信每一个学生都会成功的老师的帮助。给予后进生鼓励是教学中最有效的举措。

准备家长会的10条建议

为家长会的顺利召开做好准备十分必要，因为利用这个机会，老师可以向家长阐述学年目标，让家长了解老师和学生共同制定的纪律，提出对家长的期望。以下建议或许能帮上忙：

1. 准备好所有要发给家长的材料，整理教室，提前几天准备好发言笔记（因为最后时刻总会出现问题）。

2. 欢迎家长，感谢他们的到来，向家长介绍一下自己的情况（毕业院校、家庭情况、教学经验、兴趣等）。

3. 态度积极、风趣幽默。

4. 介绍你的上课时间安排，以及其他活动的时间安排，如艺术活动、音乐活动、午餐等。

5. 介绍家庭作业的安排，如作业数量、布置作业的频率，以及所需的资源（如热线电话、合作体系等）。

6. 对评分系统做出解释（考试、小测验和作业如何评分）。

7. 回顾各项纪律。

8. 提供一份家长会时间表，让家长和监护人填写什么时候方便参加。

9. 使用投影仪展示难于理解的问题（教学步骤、作业要求等）。有时，亲自向家长解释阅读日志、家庭作业的完成步骤，能更容易获得他们的理解（这也是和家长接触的好机会）。

10. 感谢家长的到来，鼓励家长经常和老师沟通。不要让某位家长占用了见面会的时间，也不要和家长单独到角落里交谈。告诉家长你愿意另外安排时间和他们见面。

为什么我教了22年书仍站在讲台上？因为我知道，我需要改变学生的生活——这就是我一生的使命。

成功召开家长会的10条建议

家长会始终是教师和家长之间最重要的会面，对于顺利开展整个学期的教学意义重大。为了帮助教师成功召开家长会，以下列出了十条建议。要记住，虽然这些建议不一定都适合你，但却能帮助你更好地完成任务。

1. 会前发给家长一份会议议程——列出你的一两个想法，也为家长提出自己的想法提供机会。

2. 和家长闲聊，以便了解家长的基本情况——做一个积极的聆听者。

3. 无论何时都要做好充分准备，如准备好学生作业的样本。

4. 设定两三个容易实现的短期目标。

5. 强调、赞赏家长在自己的岗位上做出的贡献。

6. 引导家长教育孩子以鼓励为主，惩罚为辅。

7. 不要忽视家长的作用，随时为家长提供建议。例如，如何管理孩子做作业。

8. 避免使用评判性的语句。按照会议计划召开会议可以避免这一点。

9. 会议结束时，对重要话题作以回顾。

10. 会后做简短的笔记，突出显示本次会议的收获。

不要忘记，家长会为家长和老师建立联系提供了机会，而家长和老师的和谐关系有益于学生的发展。更重要的是，教师不要只告诉家长孩子取得了哪些进步，也要告诉他们教师每天都在尽最大的努力帮助他们的孩子获得成功。教师不但会改变孩子的生活，也会改变家长的生活。

与家长进行有效沟通的10条建议

从教将近十年了，我几乎从没有在与家长沟通这个问题上遇到麻烦。以下是我采用过（以及正在采用）的建议，它们可以帮助你顺利解决和家长的沟通问题。

1. 与每一个家长和监护人建立密切的联系，让他们知道你从一开始就很关心孩子的教育。了解家长，和家长讨论学校的职能，正确地称呼家长。有时，称呼这样的细节也很重要。

2. 让家长随时能联系到你。是否为家长留下电话号码由老师自行决定，但是要知道，有时家长打电话只是为了表达良好的祝愿。

3. 准确记录学生的在校表现，以便在和家长讨论孩子的行为或其他问题时能够举出具体的例子，说出事情发生的具体时间。

4. 每周使用有标记的文件夹，把批改过的试卷送到学生家里，并责令学生在家长看过后立即带回学校。

5. 召开家长会时，让所有任课教师都来参加，在舒适的环境中举行会议。确保家长有发言的机会，不要垄断发言权。

6. 利用"信息线路"或创建网页，介绍班级目前的活动、个人信息以及正在学习的课程。

7. 开学第一天，把一封欢迎信送到学生家里，详细地阐述各项纪律、规则和要求。

8. 必须打电话报告家长坏消息时，也要寻找一些积极的话题。

此外，即便打电话告诉家长他们的孩子在学校表现不良，也不要忘记肯定学生取得的成绩。

9. 尽可能做到每周发给家长一封信，及时通知他们班级的情况。

10. 最后，不要忘记那句口号，"家长、老师是一家"。我们的工作是教育孩子，没有什么比这项工作更重要。有些家长对于来学校感到很胆怯，因此你必须想方设法让他们放松下来。不要与家长对抗或争吵。如果感到形势很严重，超出了自己的能力范围，无法解决，可以请求校领导介入。

做真实的自己，享受和孩子们在一起的时光；让学生知道你很在意他们，教学自然会取得良好的效果。在十余年的教学中，我从未和家长产生过矛盾。我相信遵循这些建议，你也可以和家长进行有效的沟通。祝你事业发展顺利！

校长听课时关注的10个问题

无论是一年级的课堂还是讲授高级课程的课堂，所有的校长都希望通过听课了解一些基本问题。对这些问题的回答能够反映出教师的教学效果。校长在听课时经常问以下这些问题，并且希望得到肯定的回答。

1. 课堂气氛是否温馨，充满关爱？教师是否严格要求学生？学生的作业展示出来了吗？学生积极参与到学习中了吗？

2. 教师是否清晰地表达了教学目标？有没有说清楚学生需要完成哪些任务以及如何完成？有没有把教学内容和从前学过的知识联系起来？

3. 学习形式是否多样（集体学习、小组学习、合作学习）以满足不同程度学生的学习要求？

4. 教师是否充分利用了教学时间（教学迅速开始，步骤准确无误，各个环节衔接自然，学生的行为得到了强化）？

5. 教师是否利用学生从前的成绩安排调整教学，监控学生的进步情况？

6. 教师的教案是否和"学习标准"结合在一起？教案的编写能否激发学生的学习兴趣，有没有和现实生活联系起来？

7. 教师有没有提出难度较大的问题？有没有留出足够的时间让学生思考？有没有对学生的回答做出积极的反馈？

8. 教师是否经常使用图形、影像设备和其他技术手段进行教学？是否经常针对不同的学生设计不同的活动，是否运用了合作学习策略，是否让学生亲自动手进行实践？

9. 教师有没有给学生做示范，对学生进行指导，留出充足的时间让学生理解、掌握各种技能、方法和概念？

10. 教师是否在即将下课时对本节课做总结，以回顾教学目标，巩固所学知识？

尽管没有明确指出，但是校长最想知道的一件事是，教师和学生是否在互信、互敬、相互沟通的基础上建立起良好的师生关系，师生关系在整个教学中发挥重要的作用。有了良好的师生关系，你便会成为学生心目中的偶像。

关于优秀教师的9件事

教师这个职业需要我们和不同的人打交道，这些人的背景和受教育情况各不相同。因此，一定要懂得如何同各类人交往，培养交往需要的技能。教师需要和身边的每一个人建立联系，无论是学生的监护人、食堂的员工、校车司机、其他教师，还是家长。和周围人的人保持良好的关系是顺利开展教学工作的关键。

1. 友好待人，了解身边的每个人：一定要让和你交往的人知道，你真心地想要了解他们，欣赏他们的工作，也愿意尽最大努力帮助他们。停下来笑一笑，问声早上好，或者问问他们是否一切都好。如果有人向你诉说，要认真倾听。日后参加某个项目或在同一个委员会工作时，平时建立的联系将会帮上大忙。如果周围的人感觉你平易近人、性格开朗、乐于助人，他们也会有相同的表现。

2. 选择职业发展课程：只要有机会就要选择职业发展课程，因为这门课程有助于你成为一名更出色的教师。学习过后，在课堂上实践学习到的新策略。然后和同事、同年级的教师甚至所有的教师分享实践的结果。和校长谈一谈你的实践过程以及你打算如何同其他老师一起分享实践结果。

3. 阅读专业材料，掌握最新的优秀的教学方法：有很多专业杂志和教学出版物可供阅读。学校的图书管理员也可以帮助你寻找一些期刊。很多教师商店和目录也提供有关最新教学实践的丰富材料。

学校系统的课程专家也会为你推荐一些书籍、课程、研讨会或期刊。

4. 利用网站：互联网也是寻找优秀教学策略的绝佳途径。

5. 敞开教室的大门：有时，其他教师希望向你学习教学方法，想去你的课堂听课。选择一个双方都方便的时间安排听课，他们可能会提出改进教学方法的好建议。其他教师应用你的教学方法时，你也可以去听课，以便提出自己的看法。也应该邀请家长走进课堂，但事先一定要做好准备。

6. 愿意同他人分享：发现了有效的教学方法，一定要和感兴趣的教师一起分享。你的热情会感染周围的人。当其他教师发现了这种教学方法的优点，也会付诸实践。不要忘记和校区课程部的教师一起分享你的方法。邀请教学专家来听课，或者在课堂上实践专家推荐的优秀教学方法。认真听取建设性的批评意见，对前来听课的教师和专家表示感谢。

7. 申请教授职业发展课程：教授职业发展课程也是同其他教师分享优秀教学实践的好方法。因此，有机会一定要申请。通常，和校区课程部取得联系有助于你教授这门课程。你教授的课程可能是上级安排好了的，也可能需要你根据自己的专业知识和教学方法讲授一节课。

8. 寻求资金帮助：申请资金资助学校项目，使学生的学习变得更有趣、更有意义。有很多组织为学校项目提供资金支持。你所在的学校体系也一定有一位了解资金信息和申请办法的联络员，他可以帮助你填写申请。

9. 利用志愿者：完成学校的某个教学项目时，你需要别人的帮助。当地社区可以帮助你寻找志愿者。学校或许已经联系到一些愿意帮助的当地企业。让志愿者知道你需要什么样的帮助，何时需要，几天后再次同他们取得联系。通常，退休员工中心和老年公寓也有联络人员负责安排志愿者。此外，不要忘了请求家长志愿者和你所在学校的员工帮忙。

为了成为一名教育专家，你需要充分利用校区、当地研究机构和州教育部提供的一切机会。只有这样，你才能提高自己的专业知识，同时为别人提供学习机会。最终，你的学生也会从中受益，因为他们拥有一位称职、敬业的老师。

如何轻松应对第一年的教学

以下十个方法帮助我轻松度过了从教第一年。这些方法让我在第一年的工作中获得了成功。我的工作还存在很多不足，但是我每天都能有所收获，每天都能享受到工作的乐趣。

1. 生活简单化。不要把所有的时间都用来工作。

2. 课余闲暇时，要坚持自己的兴趣爱好。

3. 保持积极的心态，与乐观的人为友。和消极的人在一起，只能变得更悲观。

4. 注意时间安排。合理安排时间。休息半小时，你的工作效率会大大提高。

5. 确定最重要的事。集中精力完成当天需要做的事，然后再做其他事情。不要试图把工作一次做完，也不要期待一次就把工作做好。

6. 自我评估，自我反省。不要让那些"倒霉的日子"影响了情绪。取得了成绩要奖赏自己，学会从错误中吸取教训。

7. 生活井然有序。每一样东西都需要放在固定位置。

8. 多问问题。只有请教别人，才能知道问题的答案。

9. 寻求校内外的帮助。

10. 充分休息，经常锻炼，合理饮食。学生每天都需要你，千万不要病倒。

教学是我生命中最有意义的一件事。想到我正在影响别人的生命，我觉得自己付出的时间和精力都是值得的。

关于教育的至理名言

Inspiritional Quotations about

Teachers and Teaching

学习不能靠投机取巧，只能凭借热情和勤奋。

——阿比盖尔·亚当斯

年轻是学习的最佳时期。因为年轻时我们无忧无虑，思想放荡不羁，比年老时更容易受他人的影响——年轻时，我们的思想就像柔嫩的树枝，任你弯曲；而年老时，思想就像一棵坚硬的橡树，难以撼动。

——阿比盖尔·亚当斯

教师会对学生产生永久的影响，这种影响永无休止。

——亨利·亚当斯

对年轻人，尤其是对处于社会底层的年轻人进行自由教育至关重要，为了培养年轻人仁慈、慷慨，付出再多的代价也是值得的。

——约翰·亚当斯

教育孩子的人比生育孩子的人更值得尊敬；父母给了孩子生命，而教师教会了孩子生活的艺术。

——亚里士多德

大多数教师都能很好地掌握学术知识，但是并非所有的教师都具有学术热情。

——特蕾西·贝利

教师是一个永恒的职业，是其他职业的基础。优秀的教师会在学生的心中播洒下理想的种子，让学生成为出色的医生、会计、公仆、政治家、出租车司机和飞行员。多年后，当从前教过的学生来看望我时，我意识到自己丰富了学生的经历，这种经历将伴随他们一生。

——玛丽·比库瓦利斯

不读好书不但不能准确地预见未来，还会产生错误的想法——认为世界只存在于此时此刻。

——艾伦·布鲁姆

一年之计，莫如树谷；十年之计，莫如树木；终身之计，莫如树人。

——孔子

失败也有教育意义。善于思考的人既能从成功中吸取经验，也能从失败中吸取教训。

——约翰·杜威

正是因为有了老师的教导，我才成为一名老师。是老师让我知道，除了妈妈还有人爱我。

——盖伊·杜德

六十年前，我觉得自己无所不知；而现在，我却感觉自己知之甚少；教育就是让我们不断发现未知的过程。

——威尔·杜兰

初学者只会挑错，而资深学者则能看到事情积极的一面。

——乔治·黑格尔

在十足的理性社会中，只有最优秀的人才能成为教师，而其他人只能做一些次要的工作。

——李·雅科卡

如果孩子……不接受教育，那么他们将会为自己的无知和陋习付出沉重的代价；如果纠正了陋习，接受了良好的教育，这种代价会小得多。

——托马斯·杰弗逊

知识将永远主宰无知。想要主宰自己命运的人一定要掌握知识。

——詹姆士·麦迪逊

年轻人，尤其是那些本应明事理的大学生，往往会忽视这样一个事实：人，无论是谁，要想取得成就，必须肩负重大的使命。

——詹姆士·米切纳

我们可以尽量满足学生对电脑、食堂以及课程管理的需求，但是缺少了一个让课堂运转起来的因素，其他一切都无法发挥作用——这个因素就是一位甘于奉献、训练过硬的教师。

——罗德·佩奇

"常青藤"书系—中青文教师用书总目录

书名	书号	定价
特别推荐——从优秀到卓越系列		
从优秀教师到卓越教师：极具影响力的日常教学策略（入选浙江省教师节用书）	9787515312378	33.80
从优秀教学到卓越教学：让学生专注学习的最实用教学指南	9787515324227	32.00
从优秀学校到卓越学校：他们的校长在哪些方面做得更好	9787515325637	33.80
名师新经典/教育名著		
如何成为高效能教师（美国最畅销教师用书，销量超过350万册，最专业、最权威、最系统的教师培训第一书）	9787515301747	68.00
给教师的101条建议（增订图文版）（《中国教育报》"2009年最佳图书"奖）	9787500673842	27.80
改善学生课堂表现的50个方法：小技巧获得大改变（入选《中国教育报》2010年和2011年"影响教师的100本书"）	9787500693536	23.80
优秀教师一定要知道的17件事（美国当前最有影响教育畅销书作者全新力作）	9787500671961	23.00
美国中小学世界历史读本/世界地理读本/艺术史读本	9787515317397等	106.00
美国语文读本1—6	9787515314624等	252.70
和优秀教师一起读苏霍姆林斯基/卢梭/福禄培尔/蒙台梭利/杜威/马卡连柯	9787500698401等	150.00
怎么做孩子会爱上学习（入选"21世纪中国教师必读的百种好书"，《中国教育报》"2010年影响教师的100本书"）	9787500685968	22.00
教师成长/专业素养		
高效能教师如何带领学生取得优异成绩	9787515328980	39.00
10天卓越教师自我培训（教育家安奈特·布鲁肖顶尖卓越教师培训教材）	9787515329925	29.00
给幼儿教师的100个创意：幼儿园班级设计与管理	9787515330310	29.00
给幼儿教师的100个创意：为幼升小做准备	9787515329130	29.90
给小学教师的100个创意：发展思维能力	9787515327402	29.00
给中学教师的100个创意：如何激发学生的天赋和特长/杰出的教学/快速改善学生课堂表现	9787515330723等	87.90
以学生为中心的翻转教学11法	9787515328386	29.00
如何使教师保持职业激情	9787515305868	29.00
如何培训高效能教师：来自全美权威教师培训项目的建议	9787515324685	32.00
良好教学效果的12试金石：每天都需要专注的事情清单	9787515326283	29.90
让每个学生主动参与学习的37个技巧	9787515320526	28.00
10分钟教师培训：卓越教师的40个快速训练法	9787515320519	32.00
高效能教师的时间管理法	9787515321073	35.00
凭什么让学生服你（增订版）	9787500675204	26.00
高效能教师备课完全指南：英国最权威的备课指导用书	9787515312361	23.80
师范学院学不到的：应对学校一切的锦囊妙计	9787500679455	28.00

书名	书号	定价
提高学生学习效率的9种教学方法	9787515310954	27.80
优秀教师是这样炼成的：用心教育	9787500672555	23.80
教师一定要思考的四个问题：今天，我们怎样做教师（增订版）	9787500668565	27.90
下课后来找我：资深教师给同行的建议	9787515307114	28.00
教师应该做到的和能够做到的（白金版）（美国中小学教师指定培训教材）	9787500669401	33.00
给年轻教师的信：真希望我年轻时就懂的道理	9787500696834	23.00
★ 优秀教师的课堂艺术：唤醒快乐积极的教学技能手册	9787500654001	26.00
教师职业的9个角色（白金版）（美国国家教育学会教师教育委员会、哥伦比亚大学教育学院推荐书目）	9787500681014	23.80
如何成为优秀教师：英美教师职业成长"圣经"	9787500672920	26.00
万人迷老师养成宝典（珍藏版）（入选《中国教育报》"2010年影响教师的100本书"）	9787500689300	23.00
高效能教师的9个习惯	9787500699316	23.00
年轻教师的五项修炼	9787500694304	23.00
好老师可以避免的20个课堂错误（白金版）（入选《中国教育报》"2010年影响教师的100本书"）	9787500688785	21.50
幸福教养：让孩子受用一生的7个幸福习惯	9787515301259	28.00
★ 教师、学生和家长焦点难题解决方案（升级版）（入选《中国教育报》"2011年影响教师的100本书"）	9787500672906	35.60
好老师说服难缠家长的16堂课（入选《中国教育报》"2010年影响教师的100本书"）	9787500688778	23.80
爱·上课（李希贵、窦桂梅推荐，教育界真实版《麦田里的守望者》）	9787500693383	23.00
爱·读书（李希贵、窦桂梅推荐，中国版《窗边的小豆豆》，诠释中国教师《爱的教育》）	9787500693918	25.00
课堂教学/课堂管理		
改善学生学习态度的58个建议	9787515324067	25.00
★ 全脑教学：影响全球300万教师的教学指导书	9787515323169	38.00
★ 哈佛大学教育学院思维训练课	9787515325101	36.00
完美结束一堂课的35个好创意	9787515325163	28.00
如何更好地教学：优秀教师一定要知道的事（被英国教育界奉为圣经的教学用书）	9787515324609	36.00
带着目的教与学	9787515323978	28.00
★ 美国中小学生社会技能课程与活动（学前阶段/1-3年级/4-6年级/7-12年级）	9787515322537等	153.80
彻底走出教学误区：开启轻松智能课堂管理的45个方法	9787515322285	28.00
破解问题学生的行为密码：如何教好焦虑、逆反、孤僻、暴躁、早熟的学生	9787515322292	36.00
在普通课堂教出尖子生的20个方法：分层教学	9787515321868	29.90
天天向上：中学教学问题解决手册	9787515321202	29.00
13个教学难题解决手册	9787515320502	28.00
★ 让学生爱上学习的165个课堂游戏	9787515319032	39.00

书名	书号	定价
美国学生游戏与素质训练手册：培养孩子合作、自尊、沟通、情商的103种教育游戏	9787515325156	36.00
老师怎么说，学生才会听（白金版）	9787515312057	28.00
快乐教学：如何让学生积极与你互动（入选《中国教育报》2010年和2011年"影响教师的100本书"）	9787500696087	29.00
老师怎么教，学生才会提问	9787515317410	29.00
快速改善课堂纪律的75个方法（白金版）	9787515313665	28.00
教学可以很简单：高效能教师轻松教学7法	9787515314457	25.00
88种美国中小学经典课堂教学活动	9787515314419	32.00
好老师应对课堂挑战的25个方法（珍藏版）（《给教师的101条建议》作者新书）	9787500699378	25.00
快速调动学生参与的99个方法（被誉为美国调动学生参与最有价值之书）	9787515317069	31.90
好老师激励后进生的21个课堂技巧	9787515311838	23.80
开始和结束一堂课的50个好创意	9787515312071	19.80
培养高情商学生的7堂必修课（新版）	9787500686088	28.00
好老师因材施教的12个方法（美国著名教师伊莉莎白"好老师"三部曲）	9787500694847	22.00
如何打造高效能课堂（美国《学习》杂志"教师必选"奖，"激励教师组织"推荐书目）	9787500680666	29.00
高中课堂管理–行为管理的9项策略（第二版）（被誉为美国"课堂管理圣经"）	9787500695714	29.00
班主任工作/德育		
北京四中8班的教育奇迹	9787515321608	36.00
师德教育培训手册	9787515326627	29.80
打造优秀班级的15个秘密	9787515319117	28.00
设计和管理最优班级实用手册	9787515317731	49.00
好老师征服后进生的14堂课（珍藏版）（美国著名教师伊莉莎白"好老师"三部曲）	9787500693819	25.00
美国最优秀教师的自白（新版）(进入地方学校、教育机构教育用书征订目录)	9787500683001	26.00
优秀班主任的50条建议：师德教育感动读本（《中国教育报》专题推荐）	9787515305752	23.00
来自美国最优秀教师的建议（入选《中国教育报》"2010年影响教师的100本书"）	9787500694427	25.00
班主任一定要面对的9个问题（新版）	9787500672937	22.00
是什么让教师不断进步（升级版）（入选《中国教育报》"2011年影响教师的100本书"）	9787500672401	23.80
优秀教师一定读的60个故事（传达60种爱的教育方式）	9787500696285	25.00
学校管理/校长领导力		
从优秀学校到卓越学校：他们的校长在哪些方面做得更好	9787515325637	33.80
优秀校长一定要做的18件事（入选《中国教育报》"2009影响教师的100本书"）	9787500673835	26.00
构建杰出学校的7个杠杆	9787515324319	39.00
如何调动和激励教师（增订版）（入选《中国教育报》2009年和2011年"影响教师的100本书"）	9787500673828	29.00

书名	书号	定价
美国获奖中小学校长的建议（新版）（美国教育界精英校长的经验分享）	9787500675211	29.90
如何应对难缠的老师	9787515306315	25.00
给校长的127条建议（入选《中国教育报》2010年和2011年"影响教师的100本书"）	9787500694779	23.00
教师健康的38个细节	9787500673033	22.00
校长时间管理的9项策略	9787500695851	23.00
20位美国优秀校长如何创建好学校	9787500695707	23.00
如何提升学校的内力（升级版）	9787500672159	21.80
创新型学校：给学校管理者的9个策略（入选《中国教育报》2010年和2011年"影响教师的100本书"）	9787500693628	23.00
教师压力管理的10堂课（第一本全面关注教师工作和生活压力的书）	9787500686569	20.00
学科教学/教科研		
★ 人大附中高考作文取胜之道	9787515320694	33.80
★ 人大附中学生这样学语文：走近经典名著	9787515328959	33.80
语文四界	9787515326115	38.00
让小学一年级孩子爱上阅读的40个方法	9787515307589	30.00
让学生爱上数学的48个游戏	9787515326207	26.00
英美中小学都在玩儿的数学游戏：多少只袜子是一双	9787500688884	25.80
★ 优秀小学语文教师一定要知道的7件事（窦桂梅畅销作品）	9787500674139	23.80
小学语文课例研修的8个实践策略（附赠光盘）	9787515312064	33.00
名师谈阅读教写作：真正思考语文课的终极目标问题	9787500692966	29.00
考拉小巫的英语学习日记：写给为梦想而奋斗的人	9787515303505	25.00
如何成为尖子生（新版）（事半功倍的高效学习方法,3小时成为学习高手）	9787500668596	23.00
情商教育/心理咨询		
中小学心理教师的10项修炼	9787515309347	36.00
别和青春期的孩子较劲（增订版）（入选《中国教育报》"2009年影响教师的100本书"）	9787500676232	28.00
★ 100条让孩子胜出的社交规则	9787515327648	28.00
让孩子幸福一生的30个情绪管理游戏	9787515310947	33.00
加州大学伯克利分校的10堂幸福教养课	9787515303512	23.00
打开生命的16封信：生命教育经典范本	9787500699408	21.50
毕淑敏心理咨询手记	9787500682127	25.00
亲爱的公主：你是值的被珍惜的	9787500699514	28.00
老师没讲的24件事（引爆千万人感动、教育界深思的励志佳作）	9787500698418	19.00
幼儿园/学前教育		
★ 美国幼儿教育活动大百科：3-6岁儿童学习与发展指南用书·科学	9787515324265	150.00

书名	书号	定价
美国幼儿教育活动大百科：3-6岁儿童学习与发展指南用书·艺术	9787515324289	150.00
美国幼儿教育活动大百科：3-6岁儿童学习与发展指南用书·健康与语言	9787515324296	150.00
美国幼儿教育活动大百科：3-6岁儿童学习与发展指南用书·社会	9787515324272	150.00
蒙台梭利早期教育法:3-6岁儿童发展指南（理论版）	9787515322544	29.80
蒙台梭利儿童教育手册:3-6岁儿童发展指南（实践版）	9787515307664	25.00
自由地学习：华德福的幼儿园教育	9787515328300	29.90
刚刚好一起讲的小故事	9787515306285	29.90
你的水桶有多满（儿童版）	9787515306766	29.00
儿童黄金30大商：高素质儿童培养手册	9787515305295	27.00
赞美你：奥巴马给女儿的信	9787515303222	19.90
每天10分钟，发现孩子的6项潜能	9787500679905	24.80
教育主张/教育视野		
芬兰教育全球第一的秘密（珍藏版）（《中国教育报》等主流媒体专题推荐，台湾教育类畅销书榜第一名）	9787500687436	28.00
世界最好的教育给父母和教师的45堂必修课（《芬兰教育全球第一的秘密》2）	9787500692423	28.00
杰出青少年的7个习惯（精英版）（中小学图书馆推荐书目、中国青少年必读书目）	9787500649083	28.00
杰出青少年的6个决定（领袖版）（中小学图书馆推荐书目、中国青少年必读书目、全国优秀出版物奖）	9787500672241	28.00
7个习惯教出优秀学生（全球第一畅销书《高效能人士的七个习惯》教师版）	9787500687948	29.00
杰出青少年构建内心世界的5个坐标（中国青少年成长公开课）	9787515314952	59.00
跳出教育的盒子：从优秀到卓越教师的成功策略（美国中小学教学经典畅销书）	9787500689508	35.00
美国最好的中学是怎样的——让孩子成为学习高手的乐园（白金版）	9787500685838	28.00
夏烈教授给高中生的19场讲座（入选《中国教育报》"2013年最受教师欢迎的100本书"）	9787515318813	29.90
学习之道：美国公认学习第一书	9787500679240	28.00
翻转课堂与慕课教学：一场正在到来的教育变革	9787515328232	26.00
奇迹学校：震撼美国教育界的教学传奇	9787515327044	36.00
学校是一段旅程:华德福教师1-8年级教学手记	9787515327945	32.00
高效能人士的七个习惯（全球头号畅销书）	9787500649038	49.00
盖洛普优势识别器2.0：《现在，发现你的优势》升级版	9787515308036	68.00
快乐山巅：从亿万富翁到优秀教师	9787500695189	20.00

您可以通过如下途径购买：

. 书　　店：各地新华书店、教育书店。

. 网上书店：当当网（www.dangdang.com）、亚马逊中国网（www.amazon.cn）、天猫（zqwts.tmall.com）京东网（www.360buy.com）、第一街（www.diyijie.com）。

. 团　　购：各地教育部门、学校、教师培训机构、图书馆团购，可享受特别优惠。

　购书热线：010-65511270 / 65516873

➡ 任何优秀教师和成功教师，首先必须是一名高效能教师。

低效能学校 + 低效能教师 =（学生成绩）前 50% ↘ 倒数 3%
高效能学校 + 低效能教师 =（学生成绩）前 50% ↘ 倒数 37%
低效能学校 + 高效能教师 =（学生成绩）前 50% ↗ 前 37%
高效能学校 + 高效能教师 =（学生成绩）前 50% ↗ 前 3%

《如何成为高效能教师》

作 者：（美）黄绍裘　黄露丝玛丽
ISBN：9787515301747
开本：16
页码：344
定价：68.00元

➡ 美国最专业、最权威、最系统的 **教师培训第一书** 。看世界上最专业、最高效、最幸福的教师如何打造快乐、善学、高分的好学生。

➡ 全球最畅销的教师用书引进中国。亚马逊网上书店教育类畅销书榜第1名。出版 20 年，覆盖 102 个国家，全球销量超过 350 万册。

➡ 首度公开成功教学的最大秘密，汇集全美 **100 名最优教师 30 年成功教学智慧**，建构了一套完整的高效能教师培训系统和教师素质与能力提升解决方案，让**新教师迅速成熟，老教师突破极限**，享受终极职业快乐。

➡ 幼师、中小学教师、教育管理者、师范院校师生、对外汉语教师**"人手一册"**的必备工具书。

➡ **超值赠送** 60 分钟美国最受欢迎的教师网络教学视频， 200 页网络版主题教学拓展资源。书中附有大量被实践证明、行之有效的 **教学资源和技术工具**，更为教师的日常教学和管理实践提供丰富的行动指南。

《设计和管理最优班级实用手册》

作者：【美】史蒂夫·斯普林格

布兰迪·亚历山大　金伯莉·伯斯安尼

ISBN：978-7-5153-1773-1

定价：49.00元

「常青藤」教育书系·重磅推荐∨∨∨

★ 美国教育界"金苹果"奖、麦格劳-希尔奖明星教师经典巨献

★ 蝉联2011与2012年度美国《学习》杂志"教师必选奖"

★ 加州大学洛杉矶分校（UCLA）教育学专用教材

★ 一本浓缩班级管理精髓的教育百科——教室布置范例、考勤清单、学生激励机制、致家长信、测验评分表、职业规划表——成百上千个有价值的想法供您所用！

内容简介

本书蝉联2011与2012年度美国《学习》杂志"教师必选奖"，书中百余幅表格、奖状、清单皆可直接复印使用，让课堂教学秩序井然。同时，这本浓缩美国班级管理精髓的教育百科也是我们观摩美式教育的最好教材。

★ 吸引学生的教学信号

★ 留级与插班生解决方案

★ 提高考试分数的技巧

★ 幼儿园到初三教室布置

★ 设计日程表和公告栏

★ 教师自我保护方法

★ 学生容易遇到哪些麻烦

★ 代课老师教学指南

★ 撰写家长信与家长沟通

★ 便于疏散的活动路线

★ 各种教具使用指南

★ 电脑和图书室使用清单

作者简介

史蒂夫·斯普林格

拥有20年中小学教学与管理工作经验。同时也在加州大学洛杉矶分校担任教育学专业讲师，主讲课堂教学方法。他在班级管理和教学方法上的突出贡献已使他获得了十项麦格劳-希尔奖。

布兰迪·亚历山大

美国教育界"金苹果"奖得主。布兰迪在洛杉矶是一位备受欢迎的明星教师，因为所教授的中小学课程引人入胜，被邀请担任加州大学洛杉矶分校教育学专业的讲师。

金伯莉·伯斯安尼

加州大学洛杉矶分校课程和教学方向的副教授，她发现并总结了斯普林格和亚历山大这两位明星教师的优秀班级管理经验，并成为促成此书的重要纽带。

让学生爱上学习的165个课堂游戏

作者：（美）卢安·约翰逊
ISBN：978-7-5153-1903-2
开本：16
页码：336
定价：39.00元

教师培训推荐教材

➡ 《跳出教育的盒子》作者卢安·约翰逊最新力作。

➡ 165个富有想象力的教学游戏。

➡ 涵盖数学、科学、语言、艺术、阅读、音乐、英语学习等多个学科。

➡ 让孩子们真正享受学习带来的乐趣。

你将读到什么

在本书中，教育专家卢安·约翰逊提供了一种动态的方式激发学生的学习兴趣，让他们充满热情地走上学习之路。这本书正是老师们所需要的——提供了大量有趣、简便、快捷、有效的课堂活动，使学生们从上课第一分钟开始就能将注意力集中在课堂上。这些活动可以提高学生的学习动机，创造一个积极的课堂环境，并且远不止这些。还可以帮助学生：

☆ 勤于动脑 　　　　　　☆ 激发创造性

☆ 增强批判性思维 　　　☆ 激发积极的学习态度

☆ 促进学生间的合作 　　☆ 鼓励学生课堂积极发言

这些活动经过无数次课堂实践，适合所有年级的学生。尤其是书中宝贵的经验适合任何学科老师，不论你是初为人师还是资历丰富的教师，本书都是你必备的教学参考书。